Dr. Oetker Verlag

Vorwort

Hier kommen Rezepte, die richtig Lust machen auf die nächste Party oder ein Zusammensein mit Freunden oder Familie.

Ob Geburtstagsfeier, Faschingsfete, Silvesterparty, Brunch oder ein geselliges Beisammensein ...; es gibt immer wieder Anlässe, wo Sie leckere Köstlichkeiten auf den Tisch bringen möchten.
Mit der einen oder anderen Abwandlung kennt man heute einen Pfundstopf, einen Schichtsalat oder eine Schnitzelpfanne. Es sind einfache Rezepte, die gut vorzubereiten sind und immer wieder gut bei den Gästen ankommen. Weiterhin gehören Aufläufe, Quiches, Salate und Desserts dazu, wenn Sie Ihre Gäste verwöhnen möchten.

Da sich die Rezepte alle gut vorbereiten lassen, können Sie auch als Gastgeber das Fest genießen. Die Rezepte sind – wenn nicht anders angegeben – für 12 Personen berechnet.

Kapitelübersicht

Häppchen & Snacks
Seite 8–37

Alles aus einem Topf
Seite 38–61

Aus dem Ofen, auf den Tisch
Seite 62–103

Fleischspezialitäten
Seite 104–139

Kapitelübersicht

Aus der Salatschüssel
Seite 140–169

Beilagen, Saucen & Dips
Seite 170–195

Der süße Abschluss
Seite 196–217

Ratgeber
Seite 218–219

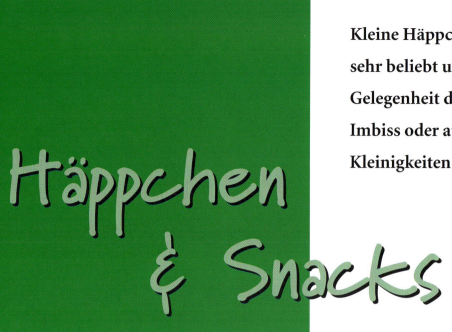

Häppchen & Snacks

Kleine Häppchen oder Snacks sind sehr beliebt und es gibt immer eine Gelegenheit dafür, ob als kleiner Imbiss oder auf einem Buffet: Kleinigkeiten mit großer Wirkung.

Tortilla vom Blech

Zubereitungszeit: 90 Min.

Pro Portion:
E: 11 g, F: 16 g, Kh: 12 g,
kJ: 1050, kcal: 251

- 750 g Kartoffeln
- 1 rote Paprikaschote
- 1 Bund Frühlingszwiebeln
- 150 g Zucchini
- 2 EL Olivenöl
- Salz
- frisch gemahlener Pfeffer
- 14 Eier (Größe M)
- 250 ml (¼ l) Milch
- 2 EL Schnittlauchröllchen

1 Kartoffeln schälen, waschen und in dünne Scheiben schneiden. Paprikaschote halbieren, entstielen, entkernen, die weißen Scheidewände entfernen, Schote waschen und in Würfel schneiden.

2 Frühlingszwiebeln putzen, waschen und in dünne Ringe schneiden. Von den Zucchini die Enden abschneiden, Zucchini waschen und ebenfalls in dünne Scheiben schneiden.

3 Öl in einer Pfanne erhitzen. Die Kartoffeln und das Gemüse dazugeben und von allen Seiten etwa 10 Minuten goldbraun braten.

4 Mit Salz und Pfeffer bestreuen und die Kartoffel-Gemüse-Mischung in eine gefettete Fettfangschale geben.

5 Eier mit Milch verquirlen, mit Salz und Pfeffer würzen. Schnittlauchröllchen unterrühren und den Guss über das Gemüse gießen. Die Fettfangschale in den Backofen schieben.

Ober-/Unterhitze:
etwa 180 °C (vorgeheizt)
Heißluft: etwa 160 °C
(nicht vorgeheizt)
Gas: Stufe 2–3 (nicht vorgeheizt)
Backzeit: 30–40 Min.

Herrentorte, pikant

Zubereitungszeit: 45 Min.

Pro Portion:
E: 25 g, F: 33 g, Kh: 38 g,
kJ: 2674, kcal: 639

- 3 Fladenbrote

Für die Füllung:
- 750 g Magerquark
- 1,2 kg Doppelrahm-Frischkäse
- 12 EL Milch
- 6 Frühlingszwiebeln
- 450 g Lachsschinken
- Salz
- frisch gemahlener Pfeffer
- Paprika edelsüß
- grüne Salatblätter
- 6 Tomaten, in Scheiben
- 3 kleine Salatgurken, in Scheiben
- 3 rote Paprikaschoten, in Ringen
- 12 Lachsschinkenscheiben

1 Die Fladenbrote einmal waagerecht durchschneiden.

2 Für die Füllung Quark mit Frischkäse und Milch verrühren.

3 Die Frühlingszwiebeln putzen, waschen und in Ringe schneiden. Den Lachsschinken fein schneiden.

4 Beide Zutaten unter die Quarkmasse rühren. Mit Salz, Pfeffer und Paprika abschmecken.

5 Je drei Esslöffel der Füllung auf die unteren Böden streichen. Mit Salatblättern, Tomatenscheiben, Gurkenscheiben und Paprikaringen belegen (etwas zum Garnieren zurücklassen).

6 Die restliche Quarkmasse (9 Esslöffel zum Garnieren zurücklassen) auf dem Gemüse verteilen.

7 Die oberen Böden darauf legen und die Torten mit den zurückgelassenen Zutaten und Lachsschinkenscheiben garnieren.

■ Tipp:
Drei hart gekochte, gepellte, in Scheiben geschnittene Eier mit einschichten. Anstelle von Lachsschinken kann auch roher Schinken verwendet werden.
Wenn Vegetarier zu Gast sind, kann auch ganz auf Schinken verzichtet werden.

Apfelspalten mit Dips

Zubereitungszeit: 2 Std.

Pro Portion:
E: 38 g, F: 50 g, Kh: 19 g,
kJ: 2976, kcal: 710

Für den Avocado-Dip:
- **2 Avocados**
- **3 EL Zitronensaft**
- **100 g Frischkäse**
- **Salz**
- **frisch gemahlener Pfeffer**
- **Cayennepfeffer**

Für den Krabben-Dip:
- **250 g Krabben**
- **1–2 EL Zitronensaft**
- **200 g Crème fraîche**
- **Tabasco**
- **1 EL gehackter Dill**

Für den Schinken-Dip:
- **250 g Magerquark**
- **75 g Crème fraîche**
- **100 g knusprig gebratene Schinkenwürfel**
- **1 EL Tomatenmark**
- **1 EL Tomaten-Ketchup**
- **1 EL Basilikumstreifen**

Für die Vinaigrette:
- **4 EL Apfelessig**
- **1 TL Tomatenmark**
- **2 EL Kapern**
- **2 EL gemischte gehackte Kräuter, z. B. Dill, Basilikum**

- **1 TL mittelscharfer Senf**
- **8 EL Speiseöl**
- **Cayennepfeffer**
- **Tabasco**
- **2 hart gekochte, fein gewürfelte Eier**

Für den Sauerrahm-Dip:
- **2 Bund Rucola**
- **3 EL Schlagsahne**
- **200 g Sauerrahm (Schmand)**

- **1½ kg verschiedene Apfelsorten, z. B. Boskop, Elstar, Glockenapfel, Jonagold**
- **600 g Käse, z. B. Allgäuer Emmentaler, Camembert, Edelpilzkäse**
- **300 g gekochter und roher Schinken**
- **300 g geräucherte Putenbrust**

1 Für den Avocado-Dip Avocados halbieren, die Steine entfernen, Fruchtfleisch mit einem Löffel aus der Schale heben, mit Zitronensaft mit dem Pürierstab pürieren, mit dem Frischkäse vermengen, mit Salz, Pfeffer und Cayennepfeffer pikant abschmecken.

2 Für den Krabben-Dip Krabben abspülen, trockentupfen, etwas

zerkleinern, mit etwas Zitronensaft beträufeln und mit Crème fraîche, Salz, Pfeffer, Tabasco und gehacktem Dill vermischen.

3 Für den Schinken-Dip Quark mit Crème fraîche, gebratenen Schinkenwürfeln und Tomatenmark und Ketchup verrühren, mit Pfeffer und Basilikumstreifen würzen.

4 Für die Vinaigrette Apfelessig, Tomatenmark, Kapern, gehackte Kräuter, Senf, Öl, Salz, Pfeffer und Tabasco verrühren. Die Eierwürfel unterheben.

5 Für den Sauerrahm-Dip Rucola abspülen, trockentupfen, mit der Sahne pürieren. Sauerrahm unterrühren und mit Salz und Pfeffer abschmecken.

6 Äpfel waschen, achteln und entkernen. Käsesorten in Würfel oder Dreiecke schneiden. Schinken und Putenbrust in Würfel oder Scheiben schneiden. Alle Zutaten auf einer großen Tafel anrichten.

- **Tipp:**

Es können auch nur 2 oder 3 Dips zubereitet werden und zum Dippen z. B. nur Äpfel und Käse gereicht werden.

12 Häppchen & Snacks · GUT VORZUBEREITEN / DAUERT LÄNGER

Goudaröllchen auf Brottalern

etwa 60 Stück
Zubereitungszeit: 45 Min.

Pro Stück:
E: 3 g, F: 5 g, Kh: 4 g,
kJ: 316, kcal: 75

- 1 Pck. (150 g) Frischkäse mit Kräutern (z. B. Bresso)
- 1 Pck. (200 g) Frischkäse
- 2 Zwiebeln
- 50 g roher Schinken
- 80 g mittelalter Gouda
- 2 gepellte, hart gekochte Eier
- 1 Bund Schnittlauch, in Röllchen geschnitten
- Salz, Pfeffer
- Currypulver
- 6 große Scheiben junger Gouda (etwa 11 x 15 cm)
- 80 g Butter
- etwa 60 Schwarzbrottaler (Ø 4 cm)

1 Kräuterkäse und Frischkäse in eine Schüssel geben. Zwiebeln abziehen und fein würfeln. Schinken, Gouda und Eier fein würfeln und alles mit Schnittlauchröllchen zu der Käsemasse geben. Die Masse mit Salz, Pfeffer und Curry abschmecken.

2 Von den Goudascheiben die Rinde entfernen. Die Käsemasse auf die Goudascheiben streichen. Von der kürzeren Seite her fest aufrollen, in ein genügend großes Stück Alufolie fest einwickeln und kühl stellen.

3 Die Goudarollen in etwa 1 cm dicke Scheiben schneiden und auf die dünn mit Butter bestrichenen Schwarzbrottaler legen.

- **Tipp:**
Die Goudarollen können 1–2 Tage vor dem Verzehr vorbereitet werden.

Käse-Biskuit-Schnitten

Zubereitungszeit: 40 Min.,
ohne Gelierzeit

Pro Portion:
E: 12 g, F: 16 g, Kh: 8 g,
kJ: 986, kcal: 236

Für den Biskuitteig:
- 4 Eier (Größe M)
- 2 Eigelb (Größe M)
- 1 Prise Zucker
- ½ gestr. TL Salz
- frisch gemahlener Pfeffer
- 4 EL Speiseöl
- 75 g Weizenmehl
- 1 gestr. TL Backpulver
- 75 g fein geriebener Parmesan

Für die Füllung:
- 6 Blatt weiße Gelatine
- 250 g Crème fraîche mit frischen Kräutern
- 400 g Hüttenkäse
- Salz
- frisch gemahlener Pfeffer
- Paprikapulver edelsüß
- 4 Frühlingszwiebeln
- 1 Bund Schnittlauch

1 Für den Biskuitteig Eier, Eigelb, Zucker, Salz und Pfeffer 2 Mi-

nuten mit Handrührgerät mit Rührbesen schaumig rühren. Öl unterrühren.

2 Mehl mit Backpulver sieben, mit Parmesan mischen und in 2 Portionen auf mittlerer Stufe unter die Eiermasse rühren.

3 Die Masse auf ein mit Backpapier belegtes Backblech (30 x 40 cm) streichen, das Backblech in den Backofen schieben und sofort backen.

(Fortsetzung Seite 16)

Ober-/Unterhitze:
180–200 °C (vorgeheizt)
Heißluft: 160–180 °C (vorgeheizt)
Gas: Stufe 3–4 (vorgeheizt)
Backzeit: etwa 8 Min.

4 Den Teig am Rand mit einem Messer lösen und sofort auf die Arbeitsfläche oder ein großes Stück Backpapier stürzen. Das mitgebackene Backpapier sofort abziehen und den Biskuitteig abkühlen lassen.

5 Für die Füllung Gelatine in kaltem Wasser nach Packungsanleitung einweichen und auflösen. Erst nur 1 Esslöffel Crème fraîche mit der aufgelösten Gelatine verrühren, dann die restliche Crème fraîche und den Hüttenkäse unterrühren. Die Masse mit Salz, Pfeffer und Paprika abschmecken.

6 Frühlingszwiebeln putzen, waschen, in feine, kleine Streifen schneiden. Schnittlauch verlesen, abspülen, trockentupfen und in Röllchen schneiden. Beide Zutaten unter die Masse heben.

7 Den Biskuitteig einmal von der längeren Seite her quer durchschneiden. Die Käsemasse auf die beiden Biskuitplatten streichen (an der langen Seite etwas frei lassen) und diese von der langen Seite fest aufrollen. Die Biskuitrollen fest in Alufolie einwickeln und für mindestens 4 Stunden kühl stellen.

8 Die Biskuitrollen mit einem scharfen Messer (oder Elektromesser) in Scheiben schneiden und auf Salatblättern anrichten.

Mariniertes Kräuterfleisch

Zubereitungszeit: 40 Min., ohne Marinierzeit

Pro Portion:
E: 24 g, F: 23 g, Kh: 0 g,
kJ: 1367, kcal: 327

- **700 g Schweinefilet**
- **700 g Roastbeef**
- **Salz, Pfeffer**
- **6 EL Speiseöl**

Für die Marinade:
- **6 EL Rotweinessig**
- **3 TL Dijon-Senf**
- **4 TL rosa Pfefferbeeren**
- **3 EL gehackte Petersilie**
- **3 EL gehackter Dill**
- **3 EL gehackter Kerbel**
- **3 EL Schnittlauchröllchen**
- **8 EL Speiseöl**

1 Schweinefilet und Roastbeef kalt abspülen und trockentupfen. Das Filet evtl. enthäuten, das Roastbeef evtl. entfetten. Beide Fleischstücke salzen und pfeffern.

2 Öl in einem Bräter erhitzen, das Fleisch von allen Seiten darin anbraten, mit etwas Wasser ablöschen. Den Bräter auf dem Rost in den Backofen schieben.

Ober-/Unterhitze:
200–220 °C (vorgeheizt)
Heißluft: 180–200 °C (vorgeheizt)
Gas: etwa Stufe 4 (vorgeheizt)
Bratzeit: Schweinefilet etwa
10 Min., Roastbeef etwa 25 Min.

3 Das Fleisch etwas abkühlen lassen, dann in 1/2 cm dicke Scheiben schneiden, mit dem Bratensatz in eine flache Schale geben, mit Salz und Pfeffer bestreuen.

4 Für die Marinade Essig mit Senf und Pfefferbeeren verrühren, mit Salz und Pfeffer würzen. Die Kräuter und das Öl unterrühren. Die Marinade über das Fleisch gießen, vorsichtig vermengen und mindestens 4 Stunden durchziehen lassen. Die Fleischscheiben ab und zu wenden.

5 Das Kräuterfleisch evtl. nochmals mit Salz, Pfeffer und Rotweinessig abschmecken, mit der Marinade auf einer Platte anrichten.

Gemüse-Mett-Brötchen

24 Stück

Zubereitungszeit: 85 Min., ohne Abkühlzeit

Pro Portion:
E: 21 g, F: 27 g, Kh: 26 g, kJ: 1848, kcal: 442

Für den Hefeteig:
- **375 g Weizenmehl**
- **1 Pck. Trockenhefe**
- **1 TL Zucker**
- **1 gestr. TL Salz**
- **2 Eier (Größe M)**
- **1 Becher (125 g) Crème fraîche mit frischen Kräutern (angewärmt)**
- **125 ml (1/8 l) warmes Wasser**
- **150 g geraspelte Möhren**

Für den Belag:
- **je 1 rote und grüne Paprikaschote**
- **600 g Thüringer Mett**
- **200 g fein gewürfelter Gouda**
- **150 g geraspelter Gouda**

1 Für den Hefeteig Mehl in eine Rührschüssel sieben, mit Trockenhefe sorgfältig vermischen. Die restlichen Zutaten hinzufügen.

2 Die Zutaten mit Handrührgerät mit Knethaken zunächst auf niedrigster, dann auf höchster Stufe in 5 Minuten zu einem Teig verarbeiten. Den Teig zugedeckt so lange an einem warmen Ort gehen lassen, bis er sich sichtbar vergrößert hat.

3 Den Teig leicht mit Mehl bestäuben, aus der Schüssel nehmen und auf der Arbeitsfläche kurz durchkneten. Den Teig in 12 gleich große Stücke teilen, diese zu länglichen Brötchen formen, auf ein mit Backpapier belegtes Backblech legen. Die Teigstücke mit Wasser bestreichen und nochmals gehen lassen.

■ Abwandlung: Pizzabrötchen
Für den Belag je 250 g gekochten Schinken und Salami in Würfel schneiden. Zusammen mit 165 g Tomatenpaprika und 315 g Champignonscheiben (beides abgetropft aus dem Glas), 200 g geriebenen Käse, 250 g Miracel Whip und 200 ml Schlagsahne verrühren. Mit Oregano abschmecken 10–15 Minuten überbacken.

4 Das Backblech in den Backofen schieben.

Ober-/Unterhitze:
180–200 °C (vorgeheizt)
Heißluft: 160–180 °C (vorgeheizt)
Gas: etwa Stufe 3 (vorgeheizt)
Backzeit: 20–30 Min.

5 Brötchen erkalten lassen und dann waagerecht durchschneiden.

6 Für den Belag Paprika putzen, waschen und in feine Würfel schneiden. Paprika- und Käsewürfel mit dem Mett vermengen, auf den Brötchenhälften verteilen, auf ein Backblech legen, mit Käseraspeln bestreuen und in den Backofen schieben.

Ober-/Unterhitze:
etwa 200 °C (vorgeheizt)
Heißluft: etwa 180 °C (vorgeheizt)
Gas: Stufe 3–4 (vorgeheizt)
Überbackzeit: etwa 15 Min.

■ Tipp:
Wenn es schnell gehen soll, die Gemüse-Mett-Brötchen mit 12 gekauften Brötchen zubereiten.

Häppchen & Snacks   **DAUERT ETWAS LÄNGER**

Bruschetta

Foto
Zubereitungszeit: 15 Min.

Pro Portion:
E: 4 g, F: 31 g, Kh: 20 g,
kJ: 1613, kcal: 385

- ■ **15 vollreife Tomaten**
- ■ **10 Knoblauchzehen**
- ■ **3 Zwiebeln**
- ■ **6 EL Olivenöl**
- ■ **3 TL gerebelter Oregano**
- ■ **Salz**
- ■ **frisch gemahlener Pfeffer**
- ■ **12 Scheiben helles Bauernbrot**
- ■ **200 ml Olivenöl**

1 Tomaten kurze Zeit in kochendes Wasser legen (nicht kochen lassen), in kaltem Wasser abschrecken, enthäuten. Die Stängelansätze herausschneiden, vierteln, die Kerne entfernen, Tomaten in Würfel schneiden.

2 Knoblauchzehen und Zwiebeln abziehen, den Knoblauch in dünne Scheiben schneiden, die Zwiebeln in Würfel schneiden.

3 Olivenöl in einem Topf erhitzen, Knoblauch und Zwiebeln darin andünsten. Die Tomatenwürfel hinzufügen. Mit Oregano, Salz und Pfeffer würzen und kurz dünsten.

4 Brotscheiben halbieren, in einer Pfanne mit Olivenöl knusprig braten. Tomatenpaste auf dem Brot verteilen und sofort servieren.

- ■ **Abwandlung:**
Tomaten nicht andünsten, mit Sardellen oder Basilikum vermengen.

Eier, garniert

Zubereitungszeit: 25 Min.

Pro Portion:
E: 11 g, F: 16 g, Kh: 2 g,
kJ: 855, kcal: 204

- ■ **12 hart gekochte Eier**
- ■ **200 g Doppelrahm-Frischkäse**
- ■ **2 EL Crème fraîche**
- ■ **Salz**
- ■ **frisch gemahlener Pfeffer**
- ■ **Paprika edelsüß**
- ■ **Currypulver**
- ■ **Shrimps**
- ■ **je einige Blätter Radicchio- und Friséesalat**
- ■ **2 EL Schnittlauchröllchen**

1 Eier pellen, längs halbieren, das Eigelb herauslösen und durch ein feines Sieb streichen.

2 Eigelb mit Doppelrahm-Frischkäse und Crème fraîche verrühren, mit Salz, Pfeffer, Paprika und Currypulver würzen.

3 Die Masse in einen Spritzbeutel mit Sterntülle füllen, in die ausgehöhlten Eierhälften spritzen.

4 Die gefüllten Eierhälften mit Shrimps garnieren, auf Salatblättern anrichten, mit Schnittlauchröllchen bestreuen.

Häppchen & Snacks

KLASSISCH / SCHNELL

Gefüllte Fleischbällchen

Foto
Zubereitungszeit: 50 Min.

Pro Portion:
E: 22 g, F: 50 g, Kh: 9 g,
kJ: 2499, kcal: 597

- 2 Brötchen
- 2 Zwiebeln
- 250 g Feta-Käse
- 1 kg Hackfleisch
  (halb Rind-, halb
  Schweinefleisch)
- 1 EL Zitronensaft
- 2 Eier (Größe M)
- 2 EL gehackte Petersilie
- 1 EL gehackte Minze
- Salz
- frisch gemahlener Pfeffer
- 1 kg Ausbackfett
  oder Butterschmalz

1 Die Brötchen in kaltem Wasser einweichen, die Zwiebeln abziehen und fein würfeln. Feta-Käse in kleine Würfel schneiden.

2 Die gut ausgedrückten Brötchen und die Zwiebelwürfel mit dem Hackfleisch, dem Zitronensaft und den Eiern zu einer geschmeidigen Masse verkneten. Petersilie und Minze hinzufügen, den Fleischteig mit Salz und Pfeffer würzen.

3 Mit einem Esslöffel kleine Portionen von der Fleischmasse abteilen, mit bemehlten Händen flach drücken, ein Stück Feta-Käse darauf geben und mit dem Fleischteig umhüllen.

4 Das Ausbackfett bis zum Siedepunkt erhitzen, die Fleischbällchen portionsweise darin frittieren, auf Küchenpapier abtropfen lassen. Oder das Butterschmalz in einer Pfanne erhitzen, die Fleischbällchen von allen Seiten darin braun braten.

- **Beigabe:**
Brot oder Reis.

Gefüllte Tomaten

20 Stück
Zubereitungszeit: 30 Min.

Pro Portion:
E: 2 g, F: 3 g, Kh: 13 g,
kJ: 388, kcal: 93

- 100 g Langkornreis
- 24 kleine Tomaten
- 1 kleine, grüne
  Paprikaschote
- ½ Bund Frühlingszwiebeln
- 1 kleine Dose (140 g)
  Gemüsemais
- 2–3 EL Speiseöl
- Salz
- frisch gemahlener Pfeffer

1 Reis nach Packungsaufschrift garen und erkalten lassen.

2 Tomaten waschen, trockentupfen, einen Deckel abschneiden und die Tomaten mit einem Teelöffel aushöhlen.

3 Paprika halbieren, entstielen, entkernen, die weißen Scheidewände entfernen, Schote waschen und fein würfeln. Frühlingszwiebeln putzen, waschen und in feine Ringe schneiden.

4 Paprika, Frühlingszwiebeln und Mais unter den Reis mischen. Öl unterrühren und mit Salz und Pfeffer abschmecken. Die Masse in die Tomaten füllen, den Deckel darauf legen.

Party-Baguette

Zubereitungszeit: 55 Min.

Pro Portion:
E: 73 g, F: 89 g, Kh: 105 g,
kJ: 6674, kcal: 1594

- 12 Baguette-Brötchen
- 5 Becher (je 125 g) Crème fraîche mit frischen Kräutern
- 5 rote Zwiebeln
- 8 Tomaten
- 1 Bund Basilikum
- Salz
- frisch gemahlener Pfeffer
- 250 g Salami, in Scheiben
- 250 g roher Schinken, in Scheiben
- 1,5 kg Esrom, in Scheiben
- 1 Bund Schnittlauch
- 1 Bund glatte Petersilie

1 Baguettes halbieren, die Schnittflächen mit Kräuter Crème fraîche bestreichen.

2 Zwiebeln abziehen, in dünne Scheiben schneiden und diese gleichmäßig auf den Broten verteilen.

3 Tomaten waschen, trockentupfen, halbieren, Stängelansätze herausschneiden, Tomaten in Scheiben schneiden. Basilikumblätter von den Stängeln zupfen, vorsichtig abspülen und trockentupfen.

4 Acht Baguettehälften mit Tomatenscheiben belegen, mit Salz und Pfeffer würzen, mit Basilikumblättchen (einige zum Garnieren zurücklassen) belegen.

5 Acht Baguettehälften mit Salami, die anderen acht Baguettehälften mit Schinken belegen, mit Pfeffer würzen.

6 Alle Baguettestücke gleichmäßig mit Käse belegen. Auf Backbleche legen und in den Backofen schieben.

Ober-/Unterhitze:
etwa 200 °C (vorgeheizt)
Heißluft: etwa 180 °C (vorgeheizt)
Gas: Stufe 3–4 (vorgeheizt)
Backzeit: 15–20 Min.

7 Schnittlauch und Petersilie abspülen und trockentupfen. Schnittlauch in feine Röllchen schneiden, Petersilie fein schneiden.

8 Die Salami-Baguettes mit Schnittlauch, die Schinken-Baguettes mit Petersilie und die Tomaten-Baguettes mit Basilikum bestreuen.

Gemüse-Crostini

Foto
Zubereitungszeit: 45 Min.

Pro Portion:
E: 17 g, F: 23 g, Kh: 29 g,
kJ: 1741, kcal: 416

- 150 g Butter
- 600 g Zucchini, in feine Würfel geschnitten
- 450 g rote, grüne und gelbe, feine Paprikawürfel
- 600 g feine Tomatenwürfel
- 6 abgezogene, zerdrückte Knoblauchzehen
- 3 Pck. (je 250 g) Mozzarella

- 3 EL gemischte, gehackte Kräuter, z. B. Thymian, Basilikum, Petersilie
- Salz
- frisch gemahlener Pfeffer
- 36 Scheiben Baguette

1 Die Butter erhitzen und die Gemüsewürfel zusammen mit dem Knoblauch 3–4 Minuten andünsten, dann abkühlen lassen.

2 Mozzarella in Würfel schneiden und mit den Kräutern unter das Gemüse mischen. Das Ganze mit Salz und Pfeffer abschmecken.

3 Die Baguettescheiben auf ein Backblech legen, die Gemüse-Käse-Mischung auf den Brotscheiben verteilen und das Backblech in den Backofen schieben.

Ober-/Unterhitze:
etwa 200 °C (vorgeheizt)
Heißluft: etwa 180 °C (vorgeheizt)
Gas: Stufe 3–4 (vorgeheizt)
Backzeit: 5–6 Min.

- **Tipp:**
Die Gemüse-Käse-Mischung kann auch am Vortag vorbereitet werden.

Krosse Käsestangen

Zubereitungszeit: 2½ Std.

Pro Portion:
E: 18 g, F: 53 g, Kh: 36 g,
kJ: 3037, kcal: 726

- 500 g Weizenmehl (Type 1050)
- 500 g geriebener Chester Käse
- 500 g Butter in Flöckchen
- 4 Eigelb (Größe M)
- 4 EL Milch
- 8 EL zerdrückte Zigeunerchips

- 8 EL zerdrückte Kartoffelsticks

1 Mehl in eine Schüssel geben, mit Käse und Butter schnell zu einem glatten Teig verkneten. Den Teig etwa 1 Stunde in Folie gewickelt im Kühlschrank ruhen lassen.

2 Den Teig dünn ausrollen, 1 cm breite und 8 cm lange Streifen daraus schneiden oder ausrädeln.

3 Eigelb mit Milch verschlagen, die Teigstreifen damit bestrei-

chen. Die Hälfte der Stangen mit Zigeunerchips, die andere Hälfte mit Kartoffelsticks bestreuen.

4 Die Käsestangen auf ein gefettetes Backblech legen, in den Backofen schieben.

Ober-/Unterhitze:
etwa 200 °C (vorgeheizt)
Heißluft: etwa 180 °C (vorgeheizt)
Gas: Stufe 3–4 (vorgeheizt)
Backzeit: 10–15 Min.

Häppchen & Snacks — VEGETARISCH / RAFFINIERT

Antipasti-Platte

Zubereitungszeit: 65 Min.

Pro Portion:
E: 34 g, F: 42 g, Kh: 13 g,
kJ: 2567, kcal: 612

- **je 3 rote und gelbe**
  Paprikaschoten
- **300 g Champignons**
- **3 Auberginen**
- **3 Zucchini**
- **6 Knoblauchzehen**
- **18 EL Olivenöl**
- **Salz**
- **frisch gemahlener Pfeffer**
- **3 TL Kräuter der Provence**
- **250 ml (¼ l) Weißwein**
- **6 Tomaten**
- **4 Pck. (je 125 g) Mozzarella**
- **3 Bund Basilikum**
- **3 Galia-Melonen**
- **300 g Parmaschinken,**
  in Scheiben geschnitten
- **600 g Parmesan**
  am Stück

1 Paprika halbieren, entstielen, entkernen, die weißen Scheidewände entfernen, Schoten waschen und in Streifen schneiden. Champignons putzen, mit Küchenpapier abreiben, evtl. abspülen, in Scheiben schneiden.

2 Auberginen putzen, halbieren und in Scheiben schneiden. Von den Zucchini die Enden abschneiden, Zucchini putzen, waschen und ebenfalls in Scheiben schneiden. Knoblauch abziehen und in Scheiben schneiden.

3 Die Hälfte des Olivenöls erhitzen, das Gemüse nacheinander portionsweise darin andünsten, dabei mehrmals umrühren und mit Salz, Pfeffer und Kräutern der Provence würzen. Das Bratfett mit Weißwein ablöschen, etwas einkochen lassen und den Sud über das gedünstete Gemüse geben und durchziehen lassen.

4 Tomaten waschen, halbieren, die Stängelansätze herausschneiden und die Tomaten in Scheiben schneiden. Mozzarella abtropfen lassen und ebenfalls in Scheiben schneiden. Basilikum abspülen, trockentupfen und die Blätter von den Stängeln zupfen.

5 Die Tomaten- und Mozzarellascheiben und Basilikumblätter fächerartig auf einer Platte anrichten, mit Salz und Pfeffer würzen und mit restlichem Öl beträufeln.

6 Melonen vierteln, entkernen, das Fruchtfleisch von der Schale schneiden und zusammen mit Parmaschinken neben den Tomaten mit Mozzarella anrichten.

7 Parmesan grob hobeln oder in dünne Scheiben schneiden und zusammen mit dem marinierten Gemüse auf der Platte anrichten.

- **Beilage:**
Frisch aufgebackenes Ciabatta
(italienisches Brot).

Tortilla-Chips mit Avocado-Dip

Foto
Zubereitungszeit: 30 Min.

Pro Portion:
E: 5 g, F: 26 g, Kh: 28 g,
kJ: 1514, kcal: 362

- **4 Knoblauchzehen**
- **1 TL Salz**
- **2 Limonen**
- **4 reife Avocados**
- **Chilipulver**
- **frisch gemahlener Pfeffer**
- **4 Fleischtomaten**
- **2 Bund glatte Petersilie**
- **3 Pck. (je 150 g) Tortilla-Chips**

1 Knoblauch abziehen. Mit Salz fein hacken und in eine Schüssel geben. Limonen auspressen und den Saft dazugeben.

2 Avocados halbieren, aufdrehen, Kern entfernen, mit einem Löffel das Fruchtfleisch herausholen, mit einer Gabel zerkleinern, mit Chilipulver und Pfeffer würzen.

3 Fleischtomaten kurze Zeit in kochendes Wasser legen (nicht kochen lassen), mit kaltem Wasser abschrecken, enthäuten und die Stängelansätze herausschneiden. Tomaten in kleine Würfel schneiden und unter das Avocadomus heben.

4 Petersilie abspülen, gut abtropfen lassen, dann fein hacken und mit dem Avocadomus mischen.

5 Avocado-Dip in eine Schale geben und Tortilla-Chips in einer extra Schüssel dazureichen.

- **Tipp:**

Das Avocadomus wird nicht so schnell braun, wenn Sie den Kern der Avocado hineinlegen und erst kurz vor dem Servieren herausnehmen. Ansonsten sollte der Avocado-Dip erst kurz vor dem Verzehr zubereitet werden. Nach Belieben den Avocado-Dip in die Mitte einer runden Platte geben und Limonenscheiben darum legen.

Fleischbällchen vom Blech

60 Stück
Zubereitungszeit: 50 Min.

Pro Portion:
E: 34 g, F: 53 g, Kh: 1 g,
kJ: 2602, kcal: 623

- **2–3 rote Paprikaschoten**
- **250 g Mozzarella**
- **2 Bund Schnittlauch**
- **2 kg Thüringer Mett**
- **2 TL Senf**
- **Paprika edelsüß**
- **3 EL Olivenöl**

1 Paprika halbieren, entstielen, entkernen, die weißen Scheidewände entfernen, Schoten waschen und in feine Würfel schneiden. Mozzarella abtropfen lassen und fein würfeln. Schnittlauch abspülen, trockentupfen und in feine Röllchen schneiden.

2 Thüringer Mett in eine große Schüssel geben. Die 3 Zutaten zusammen mit Senf und Paprika hinzufügen und vermengen.

3 Aus dem Fleischteig etwa walnussgroße Bällchen formen und diese auf ein mit Olivenöl gefettetes Backblech legen. Das Backblech in den Backofen schieben.

Ober-/Unterhitze:
etwa 250 °C (vorgeheizt)
Heißluft: etwa 230 °C (vorgeheizt)
Gas: Stufe 4–5 (vorgeheizt)
Backzeit: 20–25 Min.

Gefüllte Pitabrote

***Zubereitungszeit: 60 Min.,
ohne Marinierzeit***

***Pro Portion:
E: 28 g, F: 18 g, Kh: 52 g,
kJ: 2085, kcal: 498***

Für die Hähnchenfleisch-
füllung:
- **600 g Hähnchenbrustfilet**
- **5 EL Sojasauce, Pfeffer**
- **Paprikapulver edelsüß**
- **3 EL Speiseöl**
- **2 mittelgroße, rote
  Paprikaschoten**
- **3 rote Zwiebeln**
- **6 Salatblätter**
- **6 Pitabrote (je 100 g)**

Für die Schafskäsefüllung:
- **400 g milder Schafskäse**
- **12 Blätter Lollo rosso
  oder Eisbergsalat**
- **1 Gemüsezwiebel**
- **6 mittelgroße Tomaten**
- **1 kleine Salatgurke
  (etwa 600 g)**
- **6 Pitabrote (je 100 g)**
- **Salz, Pfeffer**
- **gerebelter Oregano**

Für die Joghurtsauce:
- **500 g griechischer Joghurt
  oder Naturjoghurt**
- **4 EL Olivenöl**
- **4 abgezogene, zerdrückte
  Knoblauchzehen**

1 Für die Hähnchenfleischfüllung das Fleisch unter fließendem kalten Wasser abspülen, trockentupfen und in breite Streifen schneiden. Mit Sojasauce, Pfeffer und Paprika mischen und etwa 60 Minuten marinieren.

2 Das Fleisch aus der Marinade nehmen, gut trockentupfen und in erhitztem Öl 6–8 Minuten braten.

3 Paprika halbieren, entstielen, entkernen, die weißen Scheidewände entfernen, Schoten waschen und in Streifen schneiden. Zwiebeln abziehen und in feine Ringe schneiden. Salatblätter waschen und trockentupfen.

4 In die Pitabrote eine Tasche einschneiden, so dass sie am längeren Ende noch zusammenhalten. Die Brote auf ein Backblech oder Rost legen und in den Backofen schieben.

Ober-/Unterhitze:
etwa 180 °C (vorgeheizt)
Heißluft: etwa 160 °C (vorgeheizt)
Gas: Stufe 2–3 (vorgeheizt)
Aufbackzeit: 6–8 Min.

5 Die Brote erst mit Salatblättern füllen, dann mit Paprika- und Zwiebelringen und zum Schluss mit dem Fleisch füllen.

6 Für die Schafskäsefüllung den Käse in Scheiben schneiden. Salatblätter waschen und trockentupfen. Gemüsezwiebel abziehen und in dünne Ringe oder Streifen schneiden. Tomaten waschen, halbieren, die Stängelansätze herausschneiden, Tomaten in dünne Scheiben schneiden. Gurke waschen, nach Belieben schälen und die Gurke in Scheiben schneiden.

7 Pitabrote wie oben beschrieben aufbacken. Zuerst die Salatblätter in die Brote verteilen, dann Gemüsezwiebel, Tomaten- und Gurkenscheiben hineinfüllen. Zuletzt mit Schafskäsescheiben belegen und mit Salz, Pfeffer und Oregano würzen.

8 Für die Sauce Joghurt mit Öl und Knoblauch verrühren, mit Salz und Pfeffer abschmecken. Die Sauce auf die gefüllten Pitabrote verteilen.

- **Tipp:**
Statt beider Füllungen kann auch von einer Füllung die doppelte Menge zubereitet werden.

Gefüllter Sesamring

Foto
Zubereitungszeit: 25 Min.

Pro Portion:
E: 13 g, F: 30 g, Kh: 16 g,
kJ: 1680, kcal: 402

- **6 Sesamringe**
  (Ø etwa 14 cm)
- **6 EL Olivenöl**

Für die Füllung:
- **600 g Schafskäse**
- **800 g in Öl eingelegtes**
  Gemüse, z. B. Zwiebeln,
  Knoblauch, Artischocken,
  schwarze, entkernte Oliven,
  getrocknete, eingelegte
  Tomaten

- **200 g Mascarpone**
- **8 EL Schlagsahne**

1 Sesamringe quer halbieren, die Schnittflächen mit etwas Olivenöl beträufeln.

2 Für die Füllung Schafskäse mit einer Gabel zerdrücken.

3 Das eingelegte Gemüse in kleine Würfel schneiden und mit Mascarpone und Sahne verrühren.

4 Die Füllung auf die Ringhälften streichen und diese zusammensetzen.

- **Tipp:**

Der Schafskäse kann auch durch Doppelrahm-Frischkäse ersetzt werden. Allerdings muss die Füllung dann mit Salz nachgewürzt werden. Nach Belieben kann die Käsecreme auch noch mit Knoblauch und frischen Kräutern gewürzt werden.

Thunfisch-Sandwich

Zubereitungszeit: 20 Min.

Pro Portion:
E: 9 g, F: 15 g, Kh: 13 g,
kJ: 957, kcal: 233

- **500 g Thunfisch in Öl**
  (aus der Dose)
- **12 Scheiben Toastbrot**
- **Remoulade**
- **6 gewaschene Salatblätter**

1 Thunfisch abtropfen lassen. Toastbrot mit Remoulade bestreichen.

2 Salatblätter in Streifen schneiden, die Hälfte des Salates auf 6 Toastbrotscheiben verteilen.

3 Den Thunfisch zerpflücken, auf die mit Salat belegten Toastbrotscheiben verteilen.

4 Den restlichen Salat auf den Thunfisch geben und mit den übrigen Toastbrotscheiben belegen. Die Brote diagonal durchschneiden.

- **Tipp:**

Die Brote zusätzlich mit Tomatenachteln belegen.

34 **Häppchen & Snacks**

RAFFINIERT

Bunte Kaasspiesschen mit fruchtigen Dips

Zubereitungszeit: 60 Min.

Pro Portion:
E: 25 g, F: 27 g, Kh: 25 g,
kJ: 1997, kcal: 477

- **400 g Ziegenkäse**
- **400 g Maasdamer**
- **400 g Holland-Gouda**
- **500 g Weintrauben**
  (helle und dunkle)
- **250 g Erdbeeren**

Für den Himbeer-Dip:
- **500 g Himbeeren**
- **frisch gemahlener Pfeffer**
- **60 g Puderzucker**
- **3–4 EL Himbeergeist**
  oder weißer Rum

Für den Kiwi-Dip:
- **400 g Kiwi**
- **2 EL Zitronensaft**
- **3–4 EL heller Portwein**
  oder Sherry

- **Pfefferminzblättchen**

1 Käsesorten in gleich große mundgerechte Würfel schneiden, mit gewaschenen Weintrauben und Erdbeeren (eventuell halbieren) auf Spießchen stecken, auf einer Platte anrichten.

2 Für den Himbeer-Dip Himbeeren verlesen, durch ein Sieb streichen, mit Pfeffer, Puderzucker, Himbeergeist oder Rum abschmecken.

3 Für den Kiwi-Dip Kiwis schälen, in Stücke schneiden, mit dem Pürierstab pürieren, mit Zitronensaft, Pfeffer, Portwein oder Sherry abschmecken.

4 Die Dips mit Pfefferminzblättchen garnieren und zu den Kaasspießchen reichen.

Edelpilzkäseschnitten

24 Stück
Zubereitungszeit: 30 Min.

Pro Portion:
E: 7 g, F: 11 g, Kh: 8 g,
kJ: 669, kcal: 160

- **600 g Edelpilzkäse**
- **16 Scheiben Pumpernickel**
  (10 x 12 cm)
- **125 g Butter**
- **Kresse zum Verzieren**

1 Käse in Scheiben schneiden.

2 Die Brotscheiben mit Butter bestreichen, mit Käse belegen und die anderen Brotscheiben darauf legen, etwas andrücken.

3 Aus den Käseschnitten die verschiedensten Figuren oder Kreise ausstechen. Nach Belieben mit Kresse und Edelpilzkäsefiguren verzieren.

- **Tipp:**
Edelpilzkäseschnitten als Hasen ausgestochen, sind eine hübsche Dekoration für ein Oster-Brunch.

Alles aus einem Topf

Suppen und Eintöpfe sind gut vorzubereiten und oft schmecken sie am nächsten Tag sogar noch viel besser. Dass sie so praktisch in der Vorbereitung sind, ist noch ein Grund mehr, Ihre Gäste eine dieser leckeren Suppen auslöffeln zu lassen.

Ofensuppe

Zubereitungszeit: 2¹/₂ Std.

**E: 31 g, F: 39 g, Kh: 32 g,
kJ: 2678, kcal: 637**

- **1¹/₂ kg Schnitzelfleisch**
- **Salz**
- **frisch gemahlener Pfeffer**
- **gekörnte Fleischbrühe**
- **6 mittelgroße Zwiebeln**
- **2 Gläser Champignons in Scheiben (je 530 g Abtropfgewicht)**
- **2 Gläser Tomatenpaprika (je 165 g Abtropfgewicht)**
- **1 Pck. (500 g) TK-Erbsen**
- **1 große Dose Ananasstücke (490 g Abtropfgewicht)**
- **2 Gläser Chilisauce (Fonduesauce, je etwa 320 g)**
- **1 l Schlagsahne**
- **¹/₂ Flasche (225 g) scharfer Curryketchup**
- **etwa 750 ml (³/₄ l) Wasser**

1 Schnitzelfleisch kalt abspülen, trockentupfen und in Würfel schneiden. Das Fleisch in einen ofenfesten, großen Topf geben. Mit Salz, Pfeffer und Fleischbrühe würzen.

2 Zwiebeln abziehen, in Würfel schneiden und zum Fleisch geben. Champignons mit der Flüssigkeit, den abgetropften Tomatenpaprikastreifen und tiefgefrorene Erbsen hinzufügen.

3 Ananasstücke abtropfen lassen, die Stücke evtl. kleiner schneiden, zusammen mit der Chilisauce, Sahne und Curryketchup auffüllen. Zum Schluss Wasser hinzufügen, so dass die Suppe bedeckt ist, etwas umrühren. Den Topf zugedeckt auf dem Rost in den Backofen schieben.

**Ober-/Unterhitze:
etwa 200 °C (vorgeheizt)
Heißluft: etwa 180 °C
(nicht vorgeheizt)
Gas: Stufe 3–4 (nicht vorgeheizt)
Backzeit: etwa 1¹/₂ Std.**

4 Zwischendurch die Ofensuppe umrühren, evtl. etwas Wasser hinzufügen.

Pfundstopf

Zubereitungszeit: 3½ Std.

Pro Portion:
E: 39 g, F: 58 g, Kh: 7 g,
kJ: 3106, kcal: 742

- 500 g Rindfleisch
- 500 g Schweinefleisch
- 500 g Hackfleisch (halb Rind-, halb Schweinefleisch)
- 500 g Mett
- Salz
- frisch gemahlener Pfeffer
- 500 g durchwachsener Speck
- 500 g Zwiebeln
- 1 Dose (800 g) Tomaten
- 500 g rote Paprikaschoten
- 500 g grüne Paprikaschoten
- 250 ml (¼ l) Zigeunersauce (Fertigprodukt)
- 250 ml (¼ l) Fleischbrühe

1 Rind- und Schweinefleisch unter fließendem kalten Wasser abspülen, trockentupfen. Das Fleisch würfeln und in eine große, gefettete Auflaufform geben.

2 Hackfleisch und Mett mit Salz und Pfeffer abschmecken, kleine Bällchen formen und in die Auflaufform geben.

3 Speck in kleine Würfel schneiden. Zwiebeln abziehen und fein würfeln. Tomaten etwas zerkleinern. Zwiebelwürfel, Tomaten und Tomatensaft in die Auflaufform geben.

4 Rote und grüne Paprikaschoten halbieren, entstielen, entkernen, die weißen Scheidewände entfernen, Schoten waschen und in Streifen schneiden. Paprikastreifen in die Auflaufform geben.

5 Zigeunersauce und die heiße Fleischbrühe zuletzt über den Pfundstopf geben, alles durchmengen, zudecken und auf dem Rost in den Backofen schieben.

Ober-/Unterhitze:
etwa 200 °C (vorgeheizt)
Heißluft: etwa 180 °C (nicht vorgeheizt)
Gas: Stufe 3–4 (nicht vorgeheizt)
Garzeit: etwa 2 Std.

- **Beilage:**
Weißbrot oder frisches Bauernbrot und Bier.

- **Tipp:**
Beim Pfundstopf gibt es inzwischen einige Abwandlungen in den Zutaten, diese werden aber immer in Pfunden zugegeben.

- **Abwandlung:**
Scharfer Pfundstopf
Aus jeweils 500 g Tomaten, Rindfleisch, Schweinefleisch, gelber und roter Paprika, Zwiebeln, Fleischwurst, Hackfleisch, je ¼ l Mexiko- und Schaschlik-Sauce, ¼ l Schlagsahne einen Pfundstopf wie oben zubereiten.

Käse-Porree-Suppe

Foto
Zubereitungszeit: 50 Min.

Pro Portion:
E: 35 g, F: 47 g, Kh: 6 g,
kJ: 2601, kcal: 621

- 6 EL Speiseöl
- 1½ kg Gehacktes (halb Rind-, halb Schweinefleisch)
- Salz, Pfeffer
- 6 Stangen Porree (Lauch)
- 2 l Fleischbrühe
- 2 Gläser (je 470 g) Champignons
- je 300 g Sahne- und Kräuterschmelzkäse

1 Öl erhitzen, das Gehackte darin anbraten, dabei die Fleischklümpchen mit einer Gabel zerdrücken, mit Salz und Pfeffer würzen.

2 Porree putzen, waschen, in feine Ringe schneiden, hinzufügen und mit der Brühe auffüllen, etwa 15 Minuten garen, die Pilze zufügen und nochmals aufkochen lassen.

3 Käse unterrühren und schmelzen lassen. Suppe mit Salz und Pfeffer abschmecken.

■ **Tipp:**
Die Suppe ohne Hackfleisch zubereiten, dann mehr Schmelzkäse verwenden.

Party-Gulaschsuppe

Zubereitungszeit: 2½–3 Std.

Pro Portion:
E: 33 g, F: 32 g, Kh: 10 g,
kJ: 2073, kcal: 496

- 500 g Zwiebeln
- 1 kg Rindfleisch
- 500 g Schweinefleisch
- 1 kg Paprikaschoten
- 1 kg Tomaten
- 8 EL Speiseöl
- 4 EL Tomatenmark
- 2 EL Paprikapulver, mild
- 2 TL Paprikapulver, scharf
- 2 l Fleischbrühe
- 250 ml (¼ l) Schlagsahne
- Salz, Cayennepfeffer

1 Zwiebeln abziehen, würfeln. Das Fleisch unter fließendem kalten Wasser abspülen, trockentupfen, in kleine Würfel schneiden.

2 Paprikaschoten halbieren, entkernen, entstielen, die weißen Scheidewände entfernen, Paprika in Streifen schneiden. Tomaten kurze Zeit in kochendes Wasser legen (nicht kochen lassen), in kaltem Wasser abschrecken, enthäuten, die Stängelansätze herausschneiden, entkernen, Tomaten vierteln.

3 Öl erhitzen, Zwiebeln darin andünsten. Das Fleisch hinzufügen und portionsweise darin anbraten.

4 Dann Paprikastreifen, Tomaten, Tomatenmark und Paprikapulver hinzufügen. Alles kurz durchschmoren. Die Brühe hinzugeben und etwa 60 Minuten bei schwacher Hitze kochen lassen.

5 Die Sahne unterrühren, die Suppe mit den Gewürzen abschmecken.

■ **Beilage:**
Kräuterbrötchen oder Stangenweißbrot.

■ **Tipp:**
Die Gulaschsuppe mit Rotwein abschmecken.

42 Alles aus einem Topf

KLASSISCH

Mitternachtssuppe

Zubereitungszeit: 2½ Std.

Pro Portion:
E: 27 g, F: 18 g, Kh: 23 g,
kJ: 1670, kcal: 399

- **350 g Rindfleisch**
- **350 g Schweinefleisch**
- **75 g Schweineschmalz**
- **Salz**
- **frisch gemahlener Pfeffer**
- **1 Prise Zucker**
- **1 EL Paprika extra scharf**
- **1–2 EL Tabasco**
- **2 TL Cayennepfeffer**
- **6 EL Madeira**
- **2½ l Fleischbrühe**
- **400 g Zwiebeln**
- **2 Stangen Porree (Lauch)**
- **2 rote Paprikaschoten**
- **1 Stück Knollensellerie (etwa 250 g)**
- **2 Möhren**
- **425 g Rote Bohnen (aus der Dose)**
- **425 g Weiße Bohnen (aus der Dose)**

1 Das Fleisch unter fließendem kalten Wasser abspülen, abtrocknen, in Würfel schneiden. Schmalz zerlassen, das Fleisch von allen Seiten gut darin anbraten.

2 Mit Salz, Pfeffer, Zucker, Paprika, Tabasco, Cayennepfeffer und Madeira würzen. Brühe hinzugießen, zum Kochen bringen, etwa 1½ Stunden kochen lassen.

3 Zwiebeln abziehen, halbieren, in Streifen schneiden. Porree putzen, waschen, in schmale Ringe schneiden, eventuell nochmals waschen.

4 Paprikaschoten vierteln, entstielen, entkernen, die weißen Scheidewände entfernen, die Schoten waschen. Sellerie putzen, schälen, waschen. Möhren putzen, schälen, waschen.

5 Paprika, Sellerie und Möhren in Streifen schneiden. Alle Gemüsezutaten in die Suppe geben und noch 30 Minuten garen lassen.

6 10 Minuten vor Beendigung der Garzeit Bohnen mit der Flüssigkeit hinzufügen. Die Suppe mit den Gewürzen abschmecken.

■ **Abwandlung:**
Mitternachtssuppe mit Hackfleisch
Diese Suppe ist in der Zubereitung schneller. Statt Rind- und Schweinefleisch werden 700 g Gehacktes (halb Rind-, halb Schweinefleisch) angebraten. Mit Brühe aufgefüllt, kurz aufkochen lassen, dann das geputzte Gemüse zufügen und 30 Minuten leicht kochen lassen.

■ **Tipp:**
Die Suppe kann portionsweise eingefroren werden.
Die Suppe kann nicht nur zu Mitternacht serviert werden.

■ **Beilage:**
Frisches Baguette.

Präsidentensuppe

Foto
Zubereitungszeit: 55 Min.

Pro Portion:
E: 22 g, F: 31 g, Kh: 7 g,
kJ: 1783, kcal: 426

- 3 große Zwiebeln
- 2 Knoblauchzehen
- 6 EL Speiseöl
- 1 kg Gehacktes (halb Rind-, halb Schweinefleisch)
- 1 Dose Sauerkraut (770 g Abtropfgewicht)
- 1 Dose (140 g) Tomatenmark
- 1 l Tomatensaft
- 1 l Fleischbrühe
- Paprikapulver edelsüß
- gemahlener Kümmel
- Salz
- frisch gemahlener Pfeffer
- Tabasco
- 8–10 Gewürzgurken
- 1 Bund Petersilie
- 300 g saure Sahne

1 Zwiebeln und Knoblauch abziehen, Zwiebeln grob, Knoblauch fein würfeln und beides in Öl andünsten. Gehacktes hinzufügen und gut anbraten. Evtl. vorhandene Klümpchen mit einer Gabel zerdrücken.

2 Sauerkraut auseinanderzupfen, hinzufügen, Tomatenmark, -saft, Fleischbrühe, Paprika, Kümmel, Salz und Pfeffer dazugeben, aufkochen und bei schwacher Hitze etwa 30 Minuten kochen lassen.

3 Die Suppe mit Tabasco und den Gewürzen abschmecken. Gewürzgurken in feine Scheiben schneiden und hinzufügen.

4 Petersilie abspülen, trockentupfen und fein hacken. Die Suppe in Suppentassen oder -teller füllen, auf jede Portion etwas saure Sahne und Petersilie geben.

Paprikacremesuppe

Zubereitungszeit: 60 Min.

Pro Portion:
E: 2 g, F: 18 g, Kh: 5 g,
kJ: 810, kcal: 194

- 2 große Zwiebeln
- 6 rote Paprikaschoten
- 100 g Butter
- 1 l Gemüsebrühe
- 400 ml Schlagsahne
- Saft von 2 Orangen
- Tabasco
- Salz
- frisch gemahlener Pfeffer

1 Zwiebeln abziehen und in Würfel schneiden. Paprika halbieren, entstielen, entkernen, die weißen Scheidewände entfernen, Schoten waschen und in Würfel schneiden.

2 Die Zwiebelwürfel in Butter andünsten, Paprikawürfel hinzufügen und weich dünsten.

3 Mit Brühe ablöschen und aufkochen lassen. Die Suppe mit dem Pürierstab oder im Mixer pürieren und anschließend durch ein Sieb streichen.

4 Sahne und Orangensaft unterrühren und erhitzen. Mit Tabasco, Salz und Pfeffer würzen.

- **Tipp:**
Auf jede Portion etwas Crème fraîche geben und mit Kräutern garnieren.

Tomatensuppe mit Käsetoasts

Zubereitungszeit: 60 Min.

Pro Portion:
E: 9 g, F: 27 g, Kh: 19 g,
kJ: 1575, kcal: 377

Für die Tomatensuppe:
- **2 kg Tomaten**
- **2 große, rote Paprika-schoten**
- **2 kleine, rote Chilischoten**
- **4 Zwiebeln**
- **6 EL Olivenöl**
- **1 Dose (800 g) geschälte Tomaten**
- **2 EL Tomatenmark**
- **1¹/₂ l Gemüsebrühe**
- **Sojasauce**
- **Tabasco**
- **2 EL Basilikumstreifen**
- **Salz**
- **frisch gemahlener Pfeffer**

Für die Käsetoasts:
- **6 Scheiben Vollkorn-toastbrot**
- **150 g Frischkäse mit französischen Kräutern**
- **6 EL Schlagsahne**

Zum Garnieren:
- **250 g Frischkäse mit französischen Kräutern**

1 Für die Suppe Tomaten kurze Zeit in kochendes Wasser legen (nicht kochen lassen), in kaltem Wasser abschrecken, enthäuten, die Stängelansätze herausschneiden und die Tomaten in Würfel schneiden.

2 Paprikaschoten halbieren, entstielen, die weißen Scheidewände entfernen, die Schoten waschen und in kleine Würfel schneiden. Chilischoten waschen, entstielen, entkernen und in Ringe schneiden. Zwiebeln abziehen und würfeln.

3 Zwiebelwürfel in Öl glasig dünsten. Tomatenwürfel und Tomaten aus der Dose mit Saft, Paprika- und Chiliwürfel und Tomatenmark hinzufügen und kurz andünsten. Das Gemüse mit Gemüsebrühe ablöschen, aufkochen lassen und mit geschlossenem Deckel bei mittlerer Hitze etwa 15 Minuten garen.

4 Die Suppe pürieren und durch ein Sieb streichen. Die Suppe erhitzen mit Sojasauce, Tabascosauce, Basilikum, Salz und Pfeffer abschmecken.

5 Für die Käsetoasts Toastbrot toasten. Frischkäse mit Sahne verrühren, auf die Toasts streichen und diese diagonal halbieren und auf einem Backblech unter dem vorgeheizten Grill etwa 2–3 Minuten gratinieren.

6 Die Suppe mit einem Klecks Frischkäse garnieren und die Käsetoasts dazureichen.

Tipp:
Die Tomatensuppe kann gut am Vortag zubereitet werden oder auch eingefroren werden. Die Toasts einige Stunden vor dem Verzehr vorbereiten und dann nur noch zum Gratinieren in den Ofen schieben.

Italienischer Eintopf

Foto
Zubereitungszeit: 90 Min.

Pro Portion:
E: 10 g, F: 19 g, Kh: 7 g,
kJ: 1060, kcal: 253

- 1 kg grüne Bohnen
- 500 g Champignons
- 4 EL Olivenöl
- 750 g Tomaten
- 3 Zwiebeln
- 150 g Pancetta (italienischer Speck) oder durchwachsener Speck
- 1 TL gerebeltes Bohnenkraut
- gerebelter Oregano
- Pfeffer, Salz
- 1 l Fleischbrühe
- 120 g grob gehobelter Parmesan

1 Bohnen abfädeln, waschen und in Stücke brechen. Champignons putzen, mit Küchenpapier abreiben, evtl. abspülen. Kleine Champignons ganz lassen, größere halbieren oder vierteln. Die Pilze in erhitztem Öl andünsten.

2 Tomaten kurze Zeit in kochendes Wasser legen (nicht kochen lassen), mit kaltem Wasser abschrecken, enthäuten, halbieren, die Stängelansätze herausschneiden und die Tomaten in Spalten schneiden.

3 Zwiebeln abziehen und in Würfel schneiden. Speck in Würfel schneiden, in einem großen Topf oder Bräter auslassen. Zwiebelwürfel hinzufügen und glasig dünsten.

4 Bohnen dazugeben, kurz andünsten und mit Bohnenkraut, Oregano, Pfeffer und Salz bestreuen.

5 Das Gemüse mit Brühe ablöschen, aufkochen und etwa 15 Minuten garen.

6 Champignons und Tomatenspalten hinzufügen. Den Eintopf erhitzen, nochmals mit Kräutern und Salz abschmecken und mit Parmesan bestreut servieren.

Gorgonzolasuppe

Zubereitungszeit: 35 Min.

Pro Portion:
E: 10 g, F: 25 g, Kh: 10 g,
kJ: 1439, kcal: 344

- 6 rotschalige Birnen
- 250 ml (¼ l) Sherry
- 4 Frühlingszwiebeln
- 80 g Butter
- 1½ l Geflügelbrühe
- 375 g Gorgonzola
- 400 ml Schlagsahne
- Salz, Pfeffer

1 Birnen waschen, achteln, das Kerngehäuse herausschneiden, die Birnen in dünne Scheiben schneiden und etwa 10 Minuten in Sherry einlegen.

2 Frühlingszwiebeln putzen, waschen, in feine Ringe schneiden und in Butter andünsten.

3 Brühe hinzugießen, aufkochen und etwa 10 Minuten leicht kochen lassen.

4 Gorgonzola in Stücke schneiden und zusammen mit Sahne hinzufügen und den Käse unter Rühren zum Schmelzen bringen.

5 Die Birnen mit dem Sherry in die Suppe geben, die Suppe nochmals erhitzen und mit Salz und Pfeffer abschmecken.

- **Tipp:**
Als vegetarische Variante kann die Suppe auch mit Gemüsebrühe zubereitet werden.

Gyrossuppe

***Zubereitungszeit: 75 Min.,
ohne Marinierzeit***

Pro Portion:
E: 30 g, F: 43 g, Kh: 11 g,
kJ: 2445, kcal: 584

- ◾ **1½ kg Schweineschnitzel**
- ◾ **2–3 Knoblauchzehen**
- ◾ **6 EL Speiseöl**
- ◾ **2 EL Gyros-Gewürzsalz**
- ◾ **600 ml Schlagsahne**
- ◾ **4 große Zwiebeln**
- ◾ **je 3 rote und grüne Paprikaschoten**
- ◾ **4 EL Olivenöl**
- ◾ **2 Beutel Zwiebel-suppenpulver**
- ◾ **1 l Wasser**
- ◾ **1 Glas (500 ml) Zigeuner- oder Chilisauce**
- ◾ **175 g Schmelzkäse**
- ◾ **Salz**
- ◾ **frisch gemahlener Pfeffer**
- ◾ **1–2 TL Thymian**

1 Schweineschnitzel unter fließendem kalten Wasser abspülen und trockentupfen. Das Fleisch in nicht allzu lange Streifen schneiden.

2 Knoblauch abziehen, durch die Presse drücken und zusammen mit Öl und dem Gyros-Gewürzsalz zum Fleisch geben, gut durchrühren und 2–3 Stunden marinieren.

3 Das Fleisch portionsweise in einer Pfanne von allen Seiten anbraten und dann in eine große Form geben.

4 Sahne über das Fleisch gießen, die Form zugedeckt und kühl gestellt über Nacht marinieren.

5 Zwiebeln abziehen, halbieren und in Scheiben schneiden. Paprika halbieren, entstielen, entkernen, die weißen Scheidewände entfernen, Schoten waschen und in Streifen schneiden. Beide Zutaten in Öl andünsten.

6 Das Zwiebelsuppenpulver und Wasser hinzufügen, zum Kochen bringen und etwa 10 Minuten kochen lassen.

7 Zigeuner- oder Chilisauce, Schmelzkäse und das marinierte Fleisch in die Suppe geben und unter Rühren zum Kochen bringen, bis der Käse sich gut aufgelöst hat.

8 Die Gyrossuppe mit Salz, Pfeffer und Thymian abschmecken.

◾ **Tipp:**

Den Schmelzkäse evtl. erst mit etwas Suppe glatt rühren und dann unter die Suppe rühren. So können sich keine Klümpchen bilden. Wer Zeit einsparen möchte, kann auch fertiges, mit Zwiebeln mariniertes Gyrosfleisch (beim Metzger) kaufen und startet dann mit Arbeitsschritt 3. Nach Belieben eine Dose Gemüsemais (Abtropfgewicht 340 g) hinzufügen oder auch den Schmelzkäse weglassen. Es gibt dieses Rezept in mehreren Variationen.

Lumpensuppe

Foto
Zubereitungszeit: 70 Min.

Pro Portion:
E: 41 g, F: 25 g, Kh: 40 g,
kJ: 2463 , kcal: 589

- 1 kg Rindergulasch
- 5 EL Speiseöl
- 1 kg Zwiebeln
- 2 EL Paprika edelsüß
- 2 EL Weizenmehl
- 1 l Fleischbrühe
- 1 Dose (400 ml) Gulaschsuppe
- 1 Glas (420 g) Erbsen und Möhren
- 1 Glas (315 g) Champignons, in Scheiben
- 1 Glas (450 g) Tomaten-paprika, in Streifen
- 1 Glas (450 g) Preiselbeeren
- 250 g Tomaten-Ketchup
- Salz
- frisch gemahlener Pfeffer

1 Gulasch in 1 x 1 cm große Würfel schneiden und portionsweise in heißem Öl kräftig anbraten.

2 Zwiebeln abziehen, in feine Würfel schneiden und ebenfalls anbraten. Mit Paprika und Mehl abstäuben, kurz anrösten.

3 Mit Brühe auffüllen, aufkochen lassen und bei schwacher Hitze etwa 45 Minuten köcheln lassen.

4 Gulaschsuppe, Erbsen und Möhren, Champignons, Tomatenpaprika und Preiselbeeren (mit dem Saft) zum Gulasch geben, unter Rühren aufkochen lassen. Ketchup unterrühren.

5 Die Suppe mit Paprika, Salz und Pfeffer würzen.

- **Beilage:**

Bauernbrot.

Blitzgulasch

Zubereitungszeit: 30 Min.

Pro Portion:
E: 19 g, F: 17 g, Kh: 6 g,
kJ: 1203, kcal: 287

- 1 kg Rinderfilet
- 8 EL Speiseöl
- Salz, Pfeffer
- 300 g kleine Champignons
- 1 kleines Glas (180 g) Perl-zwiebeln
- 80 g Butter
- 200 ml Rotwein
- 200 ml Fleischbrühe
- 2 TL Speisestärke
- 4 kleine Äpfel, z. B. Boskop
- 8 cl Calvados

1 Filet unter fließendem kalten Wasser abspülen, trockentupfen, von Fett und Sehnen befreien, in Würfel schneiden, in sehr heißem Öl in einer Pfanne anbraten, herausnehmen, salzen, pfeffern und warm stellen.

2 Champignons putzen, evtl. abspülen, Perlzwiebeln gut abtropfen lassen. Butter in einer Pfanne erhitzen, Champignons und Perlzwiebeln darin anbraten. Mit Rotwein und Brühe ablöschen und um die Hälfte einkochen lassen. Stärke mit etwas Rotwein anrühren, den Fond damit binden.

3 Äpfel schälen, das Kerngehäuse entfernen, Äpfel grob raspeln und die Apfelraspel in die Sauce geben. Mit Salz, Pfeffer und Calvados würzen.

4 Zum Schluss die Filetwürfel in der Sauce erhitzen.

Feverbohnentopf

Foto
Zubereitungszeit: 45 Min.

Pro Portion:
E: 28 g, F: 32 g, Kh: 27 g,
kJ: 2274, kcal: 542

- 7 EL Speiseöl
- 1,2 kg Hackfleisch
  (halb Rind-, halb
  Schweinefleisch)
- 4 große Zwiebeln
- 2 gelbe Paprikaschoten
- 2 rote Paprikaschoten
- 1 grüne Paprikaschote
- 5 EL Tomatenmark

- 750 ml (³/₄ l) Gemüsebrühe
- 2 Dosen (je 255 g)
  rote Bohnen
- 1 Dose (425 g) Gemüsemais
- 300 ml Chilisauce
- Salz
- frisch gemahlener Pfeffer

1 Das Öl in einem großen Topf erhitzen. Das Hackfleisch darin anbraten. Zwiebeln abziehen, fein würfeln. Paprikaschoten halbieren, entstielen, entkernen, die weißen Scheidewände entfernen, die Schoten waschen und in Streifen schneiden.

2 Zwiebelwürfel und Paprikastreifen hinzufügen, etwa 10 Minuten schmoren lassen, dabei öfters umrühren. Das Tomatenmark hinzufügen, umrühren. Dann die Gemüsebrühe dazugeben.

3 Zum Kochen bringen und etwa 10 Minuten garen. Die Bohnen abtropfen lassen. Zusammen mit dem Mais und der Chilisauce zu der Suppe geben. Aufkochen lassen, mit Salz und Pfeffer abschmecken.

- **Beilage:**
Stangenweißbrot.

Zwiebelsuppe mit Käse

Zubereitungszeit: 50 Min.

Pro Portion:
E: 10 g, F: 18 g, Kh: 23 g,
kJ: 1327, kcal: 318

Für die Zwiebelsuppe:
- 1,8 kg Gemüsezwiebeln
- 150 g Butter
- 1¼ l Fleischbrühe
- 250 ml (¼ l) Weißwein
- Salz
- frisch gemahlener Pfeffer

Für die Käsecroûtons:
- 12 Scheiben Toastbrot

- 150 g geriebener,
  mittelalter Gouda

1 Für die Zwiebelsuppe Gemüsezwiebeln abziehen, vierteln und in Streifen schneiden.

2 Butter zerlassen, die Zwiebelstreifen darin goldgelb andünsten. Fleischbrühe und Weißwein hinzugießen, mit Salz und Pfeffer würzen, zum Kochen bringen und etwa 10 Minuten kochen lassen.

3 Die Suppe evtl. nochmals mit Salz und Pfeffer abschmecken.

4 Für die Käsecroûtons Toastbrot in Dreiecke schneiden, von einer Seite toasten, die ungetoastete Seite mit Gouda bestreuen. Toastscheiben auf einem Backblech in den Backofen schieben und unter dem vorgeheizten Grill etwa 2 Minuten grillen (bis der Käse geschmolzen ist).

5 Die Zwiebelsuppe auf Suppenteller oder -tassen verteilen, kurz vor dem Servieren auf jede Portion 2 Käsecroûtons geben oder die Croûtons getrennt reichen.

Pizza-Suppe

Foto
Zubereitungszeit: 45 Min.

Pro Portion:
E: 5 g, F: 3 g, Kh: 8 g,
kJ: 326 , kcal: 77

- 3 Dosen (je 800 g) geschälte Tomaten
- 3 gelbe Paprikaschoten
- 2 Stangen Porree (Lauch)
- 750 ml (³/₄ l) Gemüsebrühe
- 1 Glas (540 g) Champignons, in Scheiben
- 250 g Kräuter-Schmelzkäse oder Kräuterfrischkäse
- Salz, Pfeffer
- gerebelter Oregano
- ½ Bund frisches Basilikum

1 Tomaten mit der Flüssigkeit in einen großen Topf geben, pürieren und durch ein Sieb streichen.

2 Paprika halbieren, entstielen, entkernen, die weißen Scheidewände entfernen, Schoten waschen und in Streifen schneiden. Porree putzen, halbieren, waschen und in dünne Ringe schneiden.

3 Paprikastreifen und Porreeringe zu den Tomaten geben und 10–15 Minuten köcheln lassen.

4 Brühe und Champignons hinzufügen und aufkochen lassen.

5 Schmelzkäse mit etwas Suppe glatt rühren, dann unter die restliche Suppe rühren, erwärmen und abschmecken. Die Suppe darf nicht mehr kochen.

6 Basilikumblättchen abspülen, trockentupfen und auf die Suppe streuen.

Kartoffel-Porree-Suppe

Zubereitungszeit: 60 Min.

Pro Portion:
E: 28 g, F: 40 g, Kh: 20 g,
kJ: 2364, kcal: 566

- 3 Gemüsezwiebeln
- 3 Knoblauchzehen
- 900 g Schweinemett
- 3 EL Speiseöl
- 2½ l Hühnerbrühe
- 800 g Kartoffeln
- 1 Bund Möhren
- 300 g Knollensellerie
- 2 Stangen Porree (Lauch)
- 250 g Crème fraîche
- 200 g geriebener Emmentaler
- 1 Zweig Liebstöckel
- Gyros-Gewürzsalz, Pfeffer

1 Zwiebeln und Knoblauch abziehen, in feine Würfel schneiden. Beide Zutaten und das Mett in dem erhitzten Öl in einem Topf anbraten. Das Mett mit Brühe ablöschen und aufkochen lassen.

2 Kartoffeln schälen, waschen und in 1 x 1 cm große Würfel schneiden. Sellerie und Möhren putzen, schälen, waschen, Sellerie ebenfalls in 1 x 1 cm große Würfel schneiden, Möhren in Scheiben schneiden.

3 Das Gemüse in die Brühe geben und etwa 12 Minuten köcheln lassen.

4 Porree putzen, halbieren, waschen und feine Ringe schneiden. Porree zusammen mit Crème fraîche und Käse in die Suppe geben.

5 Liebstöckel abspülen, trockentupfen, klein schneiden und in die Suppe geben. Mit Gyros-Gewürzsalz und Pfeffer abschmecken.

Feuertopf, scharf-süss

Zubereitungszeit: 40 Min.

Pro Portion:
E: 28 g, F: 24 g, Kh: 13 g,
kJ: 1710, kcal: 408

- 1½ kg Schnitzelfleisch
- 7 EL Speiseöl
- 3 rote Paprikaschoten
- 2 grüne Paprikaschoten
- 1 Glas (190 g) Silberzwiebeln
- 2 Gläser (je 170 g) Champignons
- 1 Dose (560 g) Ananasstücke, mit Saft
- 200 ml Chilisauce
- 2 TL Paprika edelsüß
- 4 EL Tomatenmark
- 500 ml (½ l) Wasser oder Gemüsebrühe
- 2 Spritzer Tabasco
- etwas Cayennepfeffer
- Salz
- frisch gemahlener Pfeffer
- 1 Prise Zucker
- 2 Becher (je 150 g) saure Sahne

1 Fleisch unter fließendem kalten Wasser abspülen, trockentupfen und in Streifen schneiden.

2 Speiseöl in einem großen Topf erhitzen, das Fleisch darin portionsweise anbraten.

3 Paprikaschoten halbieren, entstielen, entkernen, die weißen Scheidewände entfernen, die Schoten waschen und in Streifen schneiden. Paprikastreifen hinzugeben und etwa 10 Minuten mitschmoren.

4 Silberzwiebeln und Champignons abtropfen lassen und zu dem Fleisch geben.

5 Ananasstücke mit Saft, Chilisauce, Paprika, Tomatenmark und Wasser oder Gemüsebrühe hinzugeben, zum Kochen bringen und alles etwa 15 Minuten schmoren.

6 Mit Tabasco und Cayennepfeffer würzen, mit Salz, Pfeffer und etwas Zucker abschmecken. Zum Schluss die saure Sahne unterrühren.

- **Beilage:**
Dazu Reis oder frisches Stangenweißbrot reichen.

> Ihr Backofen ist auf 180 oder mehr, aber Sie können Ihrer Party gelassen entgegensehen.

Aus dem Ofen, auf den Tisch

Bunter Tortelliniauflauf

Zubereitungszeit: 70 Min.

Pro Portion:
E: 42 g, F: 44 g, Kh: 25 g,
kJ: 2938, kcal: 702

- **750 g getrocknete, bunte Tortellini**
- **je 2 rote, grüne und gelbe Paprikaschoten**
- **2 Stangen Porree (Lauch)**
- **1,2 kg gekochter Schinken, in Scheiben geschnitten**
- **125 ml (1/8 l) Schlagsahne**
- **400 g Schmand**
- **500 ml (1/2 l) Milch**
- **6 Eier (Größe M)**
- **Chinagewürz, Currypulver**
- **Salz, Pfeffer**
- **400 g geriebener Gouda**

1 Tortellini nach Packungsanleitung kochen. Dann abgießen, kurz kalt abspülen und abtropfen lassen.

2 Paprika halbieren, entstielen, entkernen, die weißen Scheidewände entfernen, Schoten waschen und in feine Streifen schneiden. Porree putzen, halbieren, gut waschen und in Streifen schneiden. Schinken in Streifen oder Würfel schneiden.

3 Die Tortellini mit dem Gemüse und Schinken mischen und in einer gefetteten Fettfangschale verteilen (oder in 2 großen Auflaufformen).

4 Sahne mit Schmand, Milch und Eiern verrühren. Mit Chinagewürz, Curry, Salz und Pfeffer würzen. Den Guss über den Auflauf gießen und das Ganze mit Käse bestreuen. Fettfangschale in den Backofen schieben (Auflaufformen auf den Rost).

Ober-/Unterhitze:
etwa 200 °C (vorgeheizt)
Heißluft: etwa 180 °C
(nicht vorgeheizt)
Gas: Stufe 3–4 (vorgeheizt)
Backzeit: 30–45 Min.,
je nach Größe der Form.

- **Abwandlung:**

1 Dose Champignonscheiben (Abtropfgewicht 370 g) hinzufügen, in den Guss etwas Tomatenmark geben.

Hackfleisch-Pizza

Zubereitungszeit: 10 Min.

Pro Portion:
E: 39 g, F: 44 g, Kh: 11 g,
kJ: 2657, kcal: 634

- **2 Brötchen**
- **3 Zwiebeln**
- **2 Knoblauchzehen**
- **1½ kg Gehacktes**
  (halb Rind-, halb
  Schweinefleisch)
- **2 Eier (Größe M)**
- **Salz**
- **frisch gemahlener Pfeffer**
- **gerebelter Oregano**
- **300 g Schafskäse**
- **1 große Zucchini**
- **2 mittelgroße Möhren**
- **1 Glas (500 g) Zigeuner-**
  sauce
- **2 Gläser Champignons**
  in Scheiben geschnitten
  (je 200 g Abtropfgewicht)
- **3 Fleischtomaten**
- **2 mittelgroße, rote**
  Paprikaschoten
- **250 g Mozzarella**
- **100 g geriebener Pizzakäse**

1 Brötchen in kaltem Wasser einweichen. Zwiebeln und Knoblauch abziehen und fein würfeln.

2 Gehacktes in eine große Schüssel geben, mit dem gut ausgedrückten Brötchen, Zwiebel- und Knoblauchwürfeln, Eiern, Salz, Pfeffer und Oregano gut mischen.

3 Schafskäse in Würfel schneiden. Von der Zucchini die Enden abschneiden, Zucchini putzen, waschen und grob raspeln. Möhren putzen, schälen, waschen und ebenfalls grob raspeln.

4 Die 3 Zutaten unter die Hackfleischmasse geben und gut verkneten. Den Hackfleischteig in einer gefetteten Fettfangschale verteilen und glatt streichen.

5 Die Zigeunersauce auf das Hackfleisch streichen, Champignons auf einem Sieb abtropfen lassen und dann auf der Hackfleisch-Pizza verteilen.

6 Tomaten kurze Zeit in kochendes Wasser legen (nicht kochen lassen), mit kaltem Wasser abschrecken, enthäuten, Stängelansätze herausschneiden, Tomaten in Scheiben schneiden und auf der Pizza verteilen.

7 Paprika waschen, die Stängelansätze herausschneiden, die Paprikaschoten in Ringe schneiden, dabei das Kerngehäuse herausschneiden. Die Paprikaringe auf die Tomatenscheiben legen. Mit Salz, Pfeffer und Oregano bestreuen. Die Fettfangschale in den Backofen schieben.

Ober-/Unterhitze:
etwa 200 °C (vorgeheizt)
Heißluft: etwa 180 °C
(nicht vorgeheizt)
Gas: Stufe 3–4 (nicht vorgeheizt)
Backzeit: etwa 50 Min.

8 Mozzarella abtropfen lassen, in Scheiben schneiden. Nach der Hälfte der Backzeit je 1 Scheibe in einen Paprikaring legen und den geriebenen Pizzakäse in die Zwischenräume der Tomaten streuen.

- **Tipp:**

Es können nach Belieben statt Zucchini und Möhren auch Paprikawürfel, Mais oder nur Schafskäsewürfel in den Hackfleischteig gegeben werden.

Landfrauen-Auflauf mit Frühlingsquark

Zubereitungszeit: 95 Min.

Pro Portion:
E: 32 g, F: 30 g, Kh: 45 g,
kJ: 2584, kcal: 618

- 600 g gelbe und grüne Bandnudeln
- 3 l kochendes Salzwasser
- 2 kg Fleischtomaten
- 750 g gekochter Schinken (im Stück)
- 8 Eier (Größe M)
- 500 ml (¹/₂ l) Schlagsahne
- Salz
- frisch gemahlener Pfeffer
- 1 Bund Schnittlauch
- 1 Bund glatte Petersilie
- 4 Pck. (je 200 g) Frühlingsquark

1 Nudeln in kochendes Salzwasser geben, zum Kochen bringen, nach Packungsanleitung kochen, auf ein Sieb geben, mit kaltem Wasser übergießen, abtropfen lassen.

2 Tomaten kurze Zeit in kochendes Wasser legen (nicht kochen lassen), in kaltem Wasser abschrecken, enthäuten, die Stängelansätze herausschneiden, die Tomaten in Scheiben schneiden.

3 Schinken in Würfel schneiden. Eier mit Sahne verschlagen, mit Salz, Pfeffer würzen. Die Kräuter abspülen, trockentupfen, fein schneiden bzw. hacken.

4 Eine große, flache, feuerfeste Form oder Fettfangschale ausfetten. Eine Schicht Tomatenscheiben hineingeben, mit Salz, Pfeffer, Schnittlauch und Petersilie bestreuen, die Hälfte der Schinkenwürfel darüber geben. Die Nudeln, die restlichen Tomatenscheiben mit den Schinkenwürfeln einschichten.

5 Die Kräuter darüber streuen, die Eier-Sahne-Masse darüber verteilen. Die Fettfangschale oder die Form auf dem Rost in den Backofen schieben.

Ober-/Unterhitze:
etwa 200 °C (vorgeheizt)
Heißluft:
etwa 180 °C (nicht vorgeheizt)
Gas: Stufe 3–4 (nicht vorgeheizt)
Backzeit: etwa 50 Min.

6 Frühlingsquark verrühren, etwa 15 Minuten vor Beendigung der Backzeit über den Auflauf geben.

Beilage:
Gemischter Salat.

Tipp:
Probieren Sie den Auflauf mit Vollkornnudeln aus.

Lasagne mit Basilikum

Zubereitungszeit: 110 Min.

Pro Portion:
E: 40 g, F: 47 g, Kh: 66 g,
kJ: 3774, kcal: 901

Für die Fleischsauce:
- **4 EL Speiseöl**
- **1 kg Gehacktes (halb Rind-, halb Schweinefleisch)**
- **500 g Zwiebeln**
- **6 Knoblauchzehen**
- **150 g Tomatenmark (aus der Dose)**
- **250 ml (¼ l) Wasser**
- **Salz**
- **frisch gemahlener Pfeffer**
- **Paprika edelsüß**
- **1 Bund Basilikum**

Für die Käsesauce:
- **100 g Butter oder Margarine**
- **100 g Weizenmehl**
- **1½ l Milch**
- **400 g geriebener mittelalter Gouda**
- **Salz**
- **frisch gemahlener Pfeffer**
- **geriebene Muskatnuss**

- **2 kg Fleischtomaten**
- **1 Bund Basilikum**

- **750 g grüne Lasagne-Nudeln**

1 Für die Fleischsauce Öl erhitzen, Gehacktes hinzufügen, unter Rühren anbraten, dabei die Fleischklümpchen mit einer Gabel zerdrücken. Zwiebeln und Knoblauch abziehen, würfeln, zu dem Gehackten geben, mitdünsten lassen.

2 Tomatenmark mit Wasser unterrühren, mit Salz, Pfeffer, Paprika würzen. Basilikum vorsichtig abspülen, trockentupfen, die Blättchen von den Stielen zupfen, zu dem Gehackten geben. Die Fleischsauce etwa 15 Minuten schmoren lassen, eventuell nochmals mit Salz, Pfeffer, Paprika abschmecken.

3 Für die Käsesauce Butter oder Margarine zerlassen, Mehl unter Rühren so lange darin erhitzen, bis es hellgelb ist. Milch hinzugießen, mit einem Schneebesen durchschlagen, darauf achten, dass keine Klumpen entstehen, zum Kochen bringen.

4 Zwei Drittel von dem Käse unterrühren, die Sauce etwa 5 Minuten kochen lassen, mit Salz, Pfeffer, Muskat abschmecken.

5 Tomaten kurze Zeit in kochendes Wasser legen (nicht kochen lassen), in kaltem Wasser abschrecken, enthäuten, die Stängelansätze herausschneiden, die Tomaten in Scheiben schneiden.

6 Basilikum vorsichtig abspülen, trockentupfen, die Blättchen von den Stielen streifen, die Blättchen hacken.

7 Eine Fettfangschale oder eine große viereckige Form ausfetten, abwechselnd jeweils einen Teil Lasagne-Nudeln, Fleischsauce, Tomatenscheiben (mit Pfeffer und gehacktem Basilikum bestreut), Käsesauce einschichten, die oberste Schicht sollte aus Käsesauce bestehen, mit restlichem Käse bestreuen und auf dem Rost in den Backofen schieben.

Ober-/Unterhitze:
200–220 °C (vorgeheizt)
Heißluft:
180–200 °C (nicht vorgeheizt)
Gas: etwa Stufe 4 (nicht vorgeheizt)
Backzeit: etwa 60 Min.

- **Tipp:**
Für eine vegetarische Lasagne anstatt der Fleischfüllung eine Gemüsemischung aus Zwiebeln, Porree, Möhren, Sellerie und Mais zubereiten.

- **Beilage:**
Grüner Salat.

Käse-Kartoffel-Pfanne

Foto
Zubereitungszeit: 70 Min.

Pro Portion:
E: 11 g, F: 13 g, Kh: 36 g,
kJ: 1313, kcal: 313

- **2½ kg mittelgroße Kartoffeln**
- **Salz**
- **frisch gemahlener Pfeffer**
- **60 g Semmelbrösel**
- **100 g Butter**
- **250 g Emmentaler**

1 Kartoffeln schälen, waschen, in Salzwasser zum Kochen bringen, etwa 15 Minuten kochen lassen, abgießen, noch warm in Scheiben schneiden.

2 Die Kartoffelscheiben schuppenförmig in eine große flache Auflaufform oder Fettfangschale geben, mit Salz, Pfeffer und Semmelbröseln bestreuen.

3 Butter in Flöckchen darauf setzen, Käse darüber reiben. Die Fettfangschale oder die Form auf dem Rost in den Backofen schieben.

Ober-/Unterhitze:
200–220 °C (vorgeheizt)
Heißluft: 180–200 °C (vorgeheizt)
Gas: etwa Stufe 4 (vorgeheizt)
Backzeit: etwa 30 Min.

- **Tipp:**
Speckwürfel auslassen und über die Kartoffelscheiben verteilen.

Grünkohlauflauf

Zubereitungszeit: 80 Min.

Pro Portion:
E: 17 g, F: 9 g, Kh: 20 g,
kJ: 1006, kcal: 239

- **4 Pck. (je 450 g) tief gekühlter Grünkohl**
- **3 Zwiebeln**
- **4 EL Speiseöl**
- **Meersalz**
- **frisch gemahlener Pfeffer**
- **1,2 kg gekochte Kartoffeln**
- **250 ml (¼ l) Milch**
- **4 Eier (Größe M)**
- **geriebene Muskatnuss**

1 Den Grünkohl aus der Packung nehmen, antauen lassen.

2 Die Zwiebeln abziehen, fein würfeln, in dem erhitzten Fett andünsten. Grünkohl hinzufügen, ganz auftauen lassen.

3 Mit Salz und Pfeffer würzen, etwas Wasser hinzugießen. Etwa die Hälfte der Grünkohl-Mischung in eine große gefettete Auflaufform oder Fettfangschale füllen.

4 Die Kartoffeln pellen. Durch die Kartoffelpresse auf den Grünkohl geben und mit dem restlichen Grünkohl bedecken.

5 Milch mit Eiern, Salz, Pfeffer und Muskat verschlagen, über den Auflauf geben.

6 Die Fettfangschale oder die Form auf dem Rost in den Backofen schieben.

Ober-/Unterhitze:
etwa 200 °C (vorgeheizt)
Heißluft:
etwa 180 °C (nicht vorgeheizt)
Gas: Stufe 3–4 (nicht vorgeheizt)
Garzeit: etwa 40 Min.

- **Tipp:**
Zu kaltem Kasseler reichen.

Kartoffelauflauf mit Bacon

Foto
Zubereitungszeit: 100 Min.

Pro Portion:
E: 7 g, F: 26 g, Kh: 30 g,
kJ: 1663, kcal: 397

- **2 kg mehlig kochende Kartoffeln**
- **2 Bund Frühlingszwiebeln**
- **400 g Bacon**
- **Salz**
- **frisch gemahlener Pfeffer**
- **500 ml (½ l) heiße Gemüsebrühe**
- **60 g Semmelbrösel**
- **60 g Butter**

1 Kartoffeln waschen, schälen, waschen, in Scheiben schneiden. Frühlingszwiebeln putzen, waschen, in feine Scheiben schneiden, mit den Kartoffeln mischen.

2 Eine große Kastenform oder Fettfangschale mit Bacon auslegen, Kartoffeln und Frühlingszwiebelscheiben hineingeben, mit Salz, Pfeffer bestreuen.

3 Brühe darüber geben, Semmelbrösel darüber streuen.

4 Butter in Flöckchen darauf setzen. Die Fettfangschale oder die Form auf dem Rost in den Backofen schieben.

Ober-/Unterhitze:
etwa 200 °C (vorgeheizt)
Heißluft: etwa 180 °C
(nicht vorgeheizt)
Gas: Stufe 3–4 (nicht vorgeheizt)
Backzeit: etwa 65 Min.

Bohnenpakete mit Käse

Zubereitungszeit: 70 Min.

Pro Portion:
E: 7 g, F: 6 g, Kh: 9 g,
kJ: 498, kcal: 120

- **1,2 kg zarte Brechbohnen**
- **Salz**
- **gerebeltes Bohnenkraut**
- **12 dünne Scheiben Raclettekäse**
- **6 rechteckige Tiefkühl-Blätterteigplatten**
- **1 Eigelb (Größe M)**
- **2 EL Wasser**

1 Bohnen putzen, die Enden abschneiden, Bohnen waschen, im Ganzen in wenig Salzwasser etwa 15 Minuten kochen (sie sollten noch knackig sein), abtropfen und abkühlen lassen.

2 Die Bohnen in 12 gleich große Portionen teilen, mit etwas Bohnenkraut bestreuen und jede Portion in eine Scheibe Käse wickeln.

3 Blätterteig auftauen lassen, jede Platte einmal teilen und so groß ausrollen, dass man die Bohnenpakete in ein Teigstück packen kann.

4 Ränder der Pakete gut andrücken. Oberfläche eventuell mit Teigresten verzieren, mit verschlagenem Eigelb bestreichen.

5 Auf ein mit kaltem Wasser abgespültes Backblech legen und in den Backofen schieben.

Ober-/Unterhitze:
etwa 200 °C (vorgeheizt)
Heißluft: etwa 180 °C (vorgeheizt)
Gas: Stufe 3–4 (vorgeheizt)
Backzeit: etwa 20 Min.

Auflauf von Ravioli

Zubereitungszeit: 60 Min.

Pro Portion:
E: 18 g, F: 32 g, Kh: 21 g,
kJ: 1960, kcal: 468

- **4 Zwiebeln**
- **100 g Butter**
- **250 ml (¼ l) Milch**
- **250 ml (¼ l) Schlagsahne**
- **8 Eigelb (Größe M)**
- **Salz**
- **frisch gemahlener Pfeffer**
- **3 Dosen (je 800 g) Ravioli in Tomatensauce**
- **150 g geriebener Gruyère Käse**
- **2 EL gehackte Kräuter, z. B. Petersilie, Schnittlauchröllchen**

1 Zwiebeln abziehen, in feine Würfel schneiden und in der Butter andünsten.

2 Mit Milch und Sahne ablöschen und etwas einkochen lassen, leicht abkühlen lassen.

3 Eigelb unter die Flüssigkeit geben und vermengen. Mit etwas Salz und Pfeffer abschmecken.

4 Ravioli in eine große feuerfeste Form oder in die Fettfangschale geben und die Eiermasse darüber geben. Mit dem geriebenen Käse bestreuen und auf dem Rost in den Backofen schieben.

Ober-/Unterhitze:
etwa 200 °C (vorgeheizt)
Heißluft: etwa 180 °C
(nicht vorgeheizt)
Gas: Stufe 3–4 (nicht vorgeheizt)
Backzeit: etwa 40 Min.

5 Auflauf herausnehmen, mit gehackten Kräutern bestreuen und sofort servieren.

■ **Abwandlung:**

Überbackene Maultaschen

Fertige Maultaschen aus dem Kühlregal in eine Auflaufform schichten. Die Eier-Zwiebel-Masse darüber geben, mit geriebenem Emmentaler und ausgelassenen Speckwürfeln bestreuen, auf dem Rost in den Backofen schieben.

■ **Beilage:**

Gemischte Blattsalate.

■ **Tipp:**

Statt Milch 250 ml Weißwein nehmen. Es können auch fertige Ravioli aus dem Kühlregal verwendet werden, die Tomatensauce kann dann durch passierte Tomaten aus der Dose ersetzt werden.

Käse-Schinken-Rollen in Tomatensauce

Zubereitungszeit: 70 Min.

Pro Portion:
E: 15 g, F: 19 g, Kh: 19 g,
kJ: 1367, kcal: 326

Für die Tomatensauce:
- **1 Gemüsezwiebel**
- **2 Knoblauchzehen**
- **5 EL Olivenöl**
- **3 Dosen (je 400 g) stückige Tomaten**
- **1 Pck. (500 g) passierte Tomaten**
- **Salz**
- **frisch gemahlener Pfeffer**
- **Oregano**
- **Thymian**

Für die Käse-Schinken-Rollen:
- **250 g Makkaroni**
- **Salzwasser**
- **1 EL Speiseöl**
- **12 Scheiben mittelalter Gouda (ohne Rinde)**
- **12 Scheiben gekochter Schinken**
- **60 g geriebener Parmesan**
- **100 g geriebener Pizzakäse**

1 Für die Tomatensauce Zwiebel und Knoblauch abziehen, würfeln und in Öl andünsten.

2 Die stückigen und die passierten Tomaten hinzufügen, mit Salz, Pfeffer, Oregano und Thymian bestreuen. Die Sauce zum Kochen bringen und etwa 5 Minuten kochen lassen.

3 Die Tomatensauce in eine große, gefettete Auflaufform oder Fettfangschale geben.

4 Für die Käse-Schinken-Rollen Makkaroni 1 bis 2-mal durchbrechen und nach Packungsanleitung in reichlich Salzwasser mit Öl bissfest garen. Die Nudeln nach dem Garen kurz mit kaltem Wasser abschrecken und gut abtropfen lassen.

5 Je 8 Makkaronistücke auf eine Käsescheibe legen und aufrollen und dann in den Schinken rollen. Die Käse-Schinken-Rollen in die Tomatensauce legen, mit Parmesan und Pizzakäse bestreuen und die Form zugedeckt auf dem Rost (oder die Fettfangschale) in den Backofen schieben.

Ober-/Unterhitze:
etwa 180 °C (vorgeheizt)
Heißluft: etwa 160 °C
(nicht vorgeheizt)
Gas: Stufe 2–3 (nicht vorgeheizt)
Backzeit: etwa 35 Min.

6 Etwa die letzten 10 Minuten aufgedeckt fertig garen.

■ Tipp:
Evtl. übrig gebliebene Makkaroni dazureichen. Die Käse-Schinken-Rollen können auch auf einem Spinatbett angerichtet werden. Dazu 3 Packungen Rahm- oder Blattspinat in Öl und Knoblauch andünsten und mit Muskatnuss würzen und die Käse-Schinken-Rollen darauf legen. Nach Belieben dann Tomatensauce dazureichen.

Kartoffel-Tomaten-Pizza

Foto
Zubereitungszeit: 70 Min.

Pro Portion:
E: 13 g, F: 23 g, Kh: 33 g,
kJ: 1727, kcal: 413

- 2 kg gegarte Pellkartoffeln
- 1¹/₂ kg Tomaten
- 300 g durchwachsener Speck
- 1 TL gerebelter Oregano
- 2 EL gehackte Petersilie
- 2 abgezogene, zerdrückte Knoblauchzehen
- Salz
- frisch gemahlener Pfeffer
- 250 g geriebener Käse

1 Kartoffeln pellen und in Scheiben schneiden. Tomaten waschen, halbieren, Stängelansätze herausschneiden. Tomaten in Scheiben schneiden und mit den Kartoffelscheiben fächerartig in eine gefettete Fettfangschale schichten.

2 Speck in kleine Würfel schneiden, auslassen und über das Gemüse streuen.

3 Oregano, Petersilie, Knoblauch, Salz und Pfeffer vermischen, die Pizza damit bestreuen. Die Kartoffel-Tomaten-Pizza gleichmäßig mit Käse bestreuen und die Fettfangschale in den Backofen schieben.

Ober-/Unterhitze:
200–220 °C (vorgeheizt)
Heißluft: 180–200 °C (vorgeheizt)
Gas: etwa Stufe 4 (vorgeheizt)
Backzeit: etwa 25 Min.

4 Die Kartoffel-Tomaten-Pizza in Stücke teilen, sofort servieren.

- **Tipp:**
Die Kartoffel-Tomaten-Pizza kann bis Arbeitsschritt 3 vorbereitet werden, so dass sie vor dem Verzehr nur noch in den Backofen muss.

Überbackene Lachsfilets

Zubereitungszeit: 60 Min.

Pro Portion:
E: 29 g, F: 37 g, Kh: 2 g,
kJ: 2649 kcal: 634

- 12 frische oder tiefgefrorene Lachsfilets (je 125 g)
- 12 Scheiben Räucherlachs
- 250 g milder Schinkenspeck
- 2 Zwiebeln
- 400 g Crème fraîche oder Schmand
- 200 g Butter, Pfeffer
- 1 EL fein gehackter Dill
- 1 EL fein gehackte Petersilie

1 Lachsfilets (tiefgefrorene erst auftauen lassen) kalt abspülen und trockentupfen. Jedes Lachsfilet gut mit je 1 Scheibe Räucherlachs umwickeln und auf ein gefettetes Backblech legen.

2 Schinkenspeck klein schneiden. Zwiebeln abziehen und in Würfel schneiden. Beide Zutaten zusammen mit Crème fraîche oder Schmand, Butter und Pfeffer im Mixer pürieren. Dill und Petersilie unterrühren.

3 Die Farce auf die Lachsfilets verteilen und das Backblech in den Backofen schieben.

Ober-/Unterhitze:
etwa 200 °C (vorgeheizt)
Heißluft: etwa 180 °C (vorgeheizt)
Gas: Stufe 3–4 (vorgeheizt)
Backzeit: etwa 15 Min.

Vegetarische Moussaka

Zubereitungszeit: 110 Min.

Pro Portion:
*E: 15 g, F: 34 g, Kh: 16 g,
kJ: 1892, kcal: 452*

- 2 kg Auberginen
- 1 EL Salz
- frisch gemahlener Pfeffer
- 120 g Weizenmehl
- 200 ml Olivenöl
- 4 Zwiebeln
- 6 EL Olivenöl
- 2 Dosen (je 800 g) Tomaten
- Salz
- gerebelter Thymian
- 375 g Mozzarella
- 200 g geriebener Parmesan

1 Auberginen waschen, abtrocknen, der Länge nach in 1 cm dicke Scheiben schneiden, mit Salz bestreuen und 20 Minuten ruhen lassen.

2 Auberginenscheiben kalt abspülen, trockentupfen, mit Pfeffer bestreuen und mit Mehl bestäuben. Öl erhitzen, die Auberginenscheiben darin von beiden Seiten braten, dann auf Küchenpapier abtropfen lassen.

3 Zwiebeln abziehen, in Würfel schneiden und in Öl andünsten. Tomaten mit der Flüssigkeit hinzugießen, dabei die Tomaten zerdrücken, mit Salz, Pfeffer, Thymian würzen, zum Kochen bringen, in etwa 10 Minuten zu einer sämigen Sauce einkochen lassen.

4 Mozzarella in dünne Scheiben schneiden. In eine gefettete, große Auflaufform oder Fettfangschale abwechselnd Auberginenscheiben, Mozzarella, einen entsprechenden Teil Parmesan und Tomatensauce geben, die obere Schicht sollte aus Sauce bestehen.

5 Die Fettfangschale in den Backofen schieben (die Form auf dem Rost).

Ober-/Unterhitze:
etwa 200 °C (vorgeheizt)
Heißluft: etwa 180 °C
(nicht vorgeheizt)
Gas: Stufe 3–4 (nicht vorgeheizt)
Backzeit: etwa 45 Min.

- **Beilage:**
Fladenbrot oder Stangenweißbrot.

- **Tipp:**
Die Moussaka schmeckt auch kalt sehr gut. Sie kann dann auch gut am Vortag zubereitet werden.

Tacoauflauf

Zubereitungszeit: 100 Min., ohne Einweichzeit

Pro Portion:
E: 38 g, F: 18 g, Kh: 44 g,
kJ: 2125, kcal: 508

- 300 g getrocknete, schwarze Bohnen
- etwa 500 g rote Bohnen (aus der Dose)
- 1 Dose Gemüsemais (Abtropfgewicht 340 g)
- je 2 grüne und rote Paprikaschoten
- 1 kg Putenbrustfilet
- 5 EL Speiseöl
- 300 g saure Sahne
- 250 ml (1/4 l) Milch
- 3 Eier (Größe M)
- Salz
- frisch gemahlener Pfeffer
- Rosenpaprika
- Chilipfeffer
- 250 g grob zerbröselte Tacocräcker

1 Bohnen über Nacht in Wasser einweichen. In kochendem Wasser 30–40 Minuten weich kochen. Zusammen mit roten Bohnen und Mais auf ein Sieb geben und gut abtropfen lassen.

2 Paprika waschen, halbieren, entkernen, weiße Scheidewände entfernen und Paprika in Streifen schneiden.

3 Putenbrust unter fließendem kalten Wasser abspülen, trockentupfen, in Streifen schneiden und portionsweise in erhitztem Öl anbraten. Mit Mais, Bohnen und Paprikastreifen vermischen.

4 Saure Sahne, Milch und Eier verquirlen, mit Salz, Pfeffer, Rosenpaprika und Chilipfeffer würzen. Gemüse und Fleisch in eine gefettete, große Auflaufform oder Fettfangschale schichten, mit der Eiermilch übergießen und die Form auf dem Rost (oder die Fettfangschale) in den Backofen schieben.

Ober-/Unterhitze:
180–200 °C (vorgeheizt)
Heißluft: 160–180 °C
(nicht vorgeheizt)
Gas: etwa Stufe 3 (vorgeheizt)
Garzeit: etwa 30–45 Min., je nach Größe der Form

5 Den Auflauf kurz vor Beendigung der Garzeit mit Tacocräckern bestreuen.

- **Tipp:**
Bis Arbeitsschritt 3 kann der Auflauf gut vorbereitet werden. Die Eiermilch erst kurz vor dem Garen anrühren.

Pilzlasagne

Zubereitungszeit: 110 Min.

Pro Portion:
E: 9 g, F: 24 g, Kh: 16 g,
kJ: 1364, kcal: 326

Für die Pilzsauce:
- 6 Knoblauchzehen
- 6 Zwiebeln
- 600 g braune Champignons
- 500 g Steinpilze
- 250 g Knollensellerie
- 80 g Butter
- 400 ml Pilz- oder Gemüsefond
- 200 ml Schlagsahne
- 2 EL Zitronensaft
- 20 g Butter
- 1 EL Weizenmehl
- 5 Zweige Thymian
- 2 Zweige Rosmarin
- 2 Zweige Salbei
- Salz, Pfeffer

Für die Béchamelsauce:
- 80 g Weizenmehl
- 1 l Milch
- 3 Eigelb (Größe M)
- 200 g Doppelrahm-Frischkäse
- geriebene Muskatnuss
- gerebelter Thymian

- 400 g Lasagneplatten (ohne Vorgaren)
- 250 g geriebener Edamer

1 Für die Pilzsauce Knoblauch und Zwiebeln abziehen und fein würfeln. Champignons und Steinpilze putzen, mit Küchenpapier abreiben, evtl. abspülen und in Scheiben schneiden. Knollensellerie putzen, schälen, waschen und in feine Würfel schneiden. Zwiebel- und Knoblauchwürfel in Butter andünsten. Pilze und Sellerie hinzufügen und portionsweise andünsten.

2 Das Gemüse mit Pilz- oder Gemüsefond, Sahne und Zitronensaft ablöschen und aufkochen lassen. Butter mit Mehl verkneten, die Pilzsauce damit binden. Thymian, Rosmarin und Salbei abspülen, trockentupfen, die Blättchen bzw. Nadeln von den Stängeln zupfen und in die Pilzmasse geben. Mit Salz und Pfeffer abschmecken.

3 Für die Béchamelsauce Mehl mit etwas Milch anrühren, die restliche Milch hinzufügen, unter ständigem Rühren gut aufkochen. Eigelb und Frischkäse unterrühren, mit Salz, Pfeffer, Muskat und Thymian abschmecken.

4 Etwas Béchamelsauce in eine gefettete, große, rechteckige Auflaufform gießen, mit Lasagneplatten bedecken, hierauf etwas Pilzsauce geben und wieder mit Lasagneplatten bedecken. Die Zutaten weiter so einschichten, bis sie aufgebraucht sind. Als letzte Schicht sollte mit Béchamelsauce abgeschlosssen werden. Mit Käse bestreuen und die Form auf dem Rost in den Backofen schieben.

Ober-/Unterhitze:
180–200 °C (vorgeheizt)
Heißluft: 160–180 °C
(nicht vorgeheizt)
Gas: etwa Stufe 3 (nicht vorgeheizt)
Backzeit: etwa 45 Min.

- **Tipp:**
Statt Champignons und Steinpilzen kann die Lasagne auch mit Champignons und Austernpilzen oder auch nur mit Champignons kombiniert werden.

Spaghetti-Pizza

Zubereitungszeit: 100 Min.

Pro Portion:
E: 24 g, F: 41 g, Kh: 37 g,
kJ: 2692, kcal: 643

- **500 g Spaghetti**
- **Salzwasser**
- **2 EL Olivenöl**
- **4–5 große Fleischtomaten**
- **2 große Gläser**
  Champignons,
  in Scheiben geschnitten
  (je 285 g Abtropfgewicht)
- **500 g gekochter**
  Hinterschinken
- **200 g geräucherter**
  Schinkenspeck
- **4 große Zwiebeln**
- **4 EL Olivenöl**
- **Paprikapulver edelsüß**
- **Salz**
- **frisch gemahlener Pfeffer**
- **gerebelter Thymian**
- **8 Eier (Größe M)**
- **1 EL Speisestärke**
- **400 ml Schlagsahne**
- **200 g geriebener Pizzakäse**

1 Spaghetti in reichlich Salzwasser mit Olivenöl garen, aber die auf der Packung angegebene Garzeit etwa um die Hälfte verkürzen. Danach die Nudeln auf einem Sieb abtropfen lassen, mit kaltem Wasser abschrecken und gut abtropfen lassen. Etwa $1/4$ der Spaghettis in einer gefetteten Fettfangschale verteilen.

2 Tomaten kurze Zeit in kochendes Wasser legen (nicht kochen lassen), mit kaltem Wasser abschrecken, enthäuten, Stängelansätze entfernen und die Tomaten in Würfel schneiden. Champignons auf einem Sieb abtropfen lassen. Schinken in Würfel schneiden.

3 Speck in Würfel schneiden. Zwiebeln abziehen und ebenfalls in Würfel schneiden. Öl in einer Pfanne erhitzen, die Speckwürfel darin auslassen, Zwiebelwürfel hinzufügen und glasig dünsten.

4 Die restlichen Spaghetti mit Tomaten, Champignons, Schinken, Speck und Zwiebeln mischen, mit Paprika, Salz, Pfeffer und Thymian würzen und auf den Spaghettis in der Fettfangschale verteilen.

5 Eier mit Speisestärke und Sahne gut verrühren, nach Belieben mit Paprika, Salz, Pfeffer und Thymian würzen und über die Spaghetti-Pizza gießen. Die Fettfangschale mit Alufolie zudecken und in den Backofen schieben.

Ober-/Unterhitze:
etwa 200 °C (vorgeheizt)
Heißluft: etwa 180 °C
(nicht vorgeheizt)
Gas: Stufe 3–4 (nicht vorgeheizt)
Backzeit: etwa 45 Min.

6 Nach etwa 30 Minuten der Backzeit die Alufolie abnehmen, die Pizza mit Käse bestreuen und offen weiter garen lassen, bis der Käse zerlaufen ist. Falls die Eimasse dann noch nicht gestockt sein sollte, die Spaghetti-Pizza noch etwa 10 Minuten länger backen.

- **Tipp:**

Die Spaghetti-Pizza kann auch gut eingefroren werden. Die abgekühlte Spaghetti-Pizza zugedeckt in einer Auflaufform einfrieren. Vor dem Verzehr die Pizza kurz antauen lassen, in den kalten Backofen schieben und bei mittlerer Hitze aufbacken.

Berliner Bulettenauflauf

Zubereitungszeit: etwa 85 Min.

Pro Portion:
E: 47 g, F: 79 g, Kh: 35 g,
kJ: 4608, kcal: 1100

- 2 mittelgroße Zwiebeln
- 1,8 kg Gehacktes (halb Rind-, halb Schweinefleisch)
- 3 Eier (Größe M)
- 150 g Semmelbrösel
- Salz
- frisch gemahlener Pfeffer
- 5 EL Speiseöl
- 1½ kg kleine, gegarte Pellkartoffeln
- 250 g Cocktailtomaten
- 2 Bund Schnittlauch
- 600 g Crème fraîche
- 400 ml Schlagsahne
- 8 Eier (Größe M)
- Paprikapulver edelsüß
- 250 g geriebener Gouda

1 Zwiebeln abziehen und fein würfeln. Hackfleisch mit Zwiebelwürfeln, Eiern und Semmelbröseln gut vermischen und mit Salz und Pfeffer würzen.

2 Die Hackfleischmasse zu 24 Frikadellen formen und diese in erhitztem Öl rundherum etwa 6 Minuten anbraten.

3 Eine große Auflaufform oder Fettfangschale einfetten. Die gegarten Kartoffeln pellen, je nach Größe halbieren oder vierteln und zusammen mit den Buletten und den gewaschenen Cocktailtomaten in der Auflaufform oder Fettfangschale verteilen.

4 Schnittlauch abspülen, trockentupfen und in Röllchen schneiden. Crème fraîche, Sahne, Eier, Salz, Pfeffer, Paprika und Schnittlauch verrühren, über das Fleisch und den Kartoffeln verteilen, mit Käse bestreuen und die Form auf dem Rost (oder die Fettfangschale) in den Backofen schieben.

Ober-/Unterhitze:
etwa 180 °C (vorgeheizt)
Heißluft: etwa 160 °C
(nicht vorgeheizt)
Gas: Stufe 2–3 (nicht vorgeheizt)
Backzeit: etwa 35 Min.

Krustenfisch

Foto
Zubereitungszeit: 45 Min.

Pro Portion:
E: 31 g, F: 20 g, Kh: 35 g,
kJ: 2006, kcal: 478

- 12 Fischfilets, z. B. Rotbarsch oder Zander (je 150 g)
- Salz
- frisch gemahlener, schwarzer Pfeffer
- 125 g weiche Butter
- 2 EL körniger Senf
- 2 EL scharfer Senf
- 125 g geriebener Käse

- 3 mittelgroße, abgezogene, gehackte Zwiebeln
- 80 g Semmelbrösel
- 3 EL gemischte, gehackte Kräuter, z. B. Dill, Petersilie, Schnittlauch

1 Fischfilets unter fließendem kalten Wasser abspülen und trockentupfen. Mit Salz und Pfeffer bestreuen und auf ein gefettetes Backblech legen.

2 Butter mit beiden Senfsorten, Käse, Zwiebeln, Semmelbröseln und Kräutern zu einer Paste verrühren.

3 Die Paste auf die Filets streichen und das Backblech in den Backofen schieben.

Ober-/Unterhitze:
etwa 180 °C (vorgeheizt)
Heißluft: etwa 160 °C (vorgeheizt)
Gas: Stufe 2–3 (vorgeheizt)
Backzeit: 20–30 Min.

- **Beilage:**
Gemischter Salat und Baguette.

- **Tipp:**
Nach Belieben können noch Tomatenwürfel oder Porreestreifen in die Paste gegeben werden.

Lachs in Dillsahnesauce

Zubereitungszeit: 65 Min.

Pro Portion:
E: 30 g, F: 43 g, Kh: 7 g,
kJ: 2985, kcal: 714

- 12 Lachsfilets (je etwa 125 g)
- Salz, Pfeffer
- 2–3 EL Zitronensaft
- 4 Doppelpackungen helle Fischsauce oder Kräutersauce (für je 250 ml (¹/₄ l) Flüssigkeit)
- 1 l Schlagsahne

- 600 g Crème fraîche
- 2 Bund Dill
- nach Belieben 200 g Krabben oder Shrimps

1 Lachsfilet unter fließendem kalten Wasser abspülen, trockentupfen, mit Salz, Pfeffer und Zitronensaft würzen und in eine große, gefettete Auflaufform legen.

2 Die Sauce mit Sahne und Crème fraîche (nicht mit Wasser, wie auf der Packungsanleitung angegeben) verrühren.

3 Dill abspülen, trockentupfen, fein hacken und in die Sauce rühren. Nach Belieben Krabben oder Shrimps hinzufügen. Die Sauce über den Fisch gießen, so dass der Fisch bedeckt ist. Die Form auf dem Rost in den Backofen schieben.

Ober-/Unterhitze:
etwa 200 °C (vorgeheizt)
Heißluft: etwa 180 °C (nicht vorgeheizt)
Gas: Stufe 3–4 (nicht vorgeheizt)
Backzeit: etwa 45 Min.

Gemüsepizza

Zubereitungszeit: 70 Min.

Pro Portion:
E: 10 g, F: 12 g, Kh: 22 g,
kJ: 1010, kcal: 241

Für den Hefeteig:
- **300 g Weizenmehl**
- **1 Pck. Trockenhefe**
- **1 gestr. TL Salz**
- **4 EL Speiseöl**
- **150 ml lauwarmes Wasser**

Für den Belag:
- **1 Dose (800 g) Tomaten**
- **1 abgezogene, zerdrückte Knoblauchzehe**
- **Salz**
- **frisch gemahlener Pfeffer**
- **gerebelter Oregano**
- **gerebeltes Basilikum**
- **getrockneter Rosmarin**
- **1 Staude Brokkoli**
- **2 Tomaten**
- **250 g Bel Paese (italienischer Weichkäse)**
- **70 g schwarze Oliven**

1 Für den Hefeteig Mehl in eine Rührschüssel sieben, mit der Hefe sorgfältig vermischen. Salz hinzufügen.

2 Öl und Wasser dazugeben. Die Zutaten zuerst kurz auf niedrigster, dann auf höchster Stufe in etwa 5 Minuten zu einem glatten Teig verarbeiten. Den Teig zugedeckt an einem warmen Ort gehen lassen, bis er sich sichtbar vergrößert hat.

3 Den Teig auf einer bemehlten Arbeitsfläche nochmals kurz durchkneten und entweder zu 2 runden Platten (Ø 30 cm) ausrollen und diese auf ein mit Backpapier belegtes Backblech legen oder den Teig auf einem gefetteten Backblech ausrollen.

4 Für den Belag Tomaten, Knoblauch, Salz, Pfeffer, Oregano, Basilikum und Rosmarin verrühren und zu einem dicken Brei einkochen lassen. Etwas abkühlen lassen und dann auf den Pizzateig streichen.

5 Brokkoli in Röschen teilen und etwa 5 Minuten in Salzwasser dünsten, dann gut abtropfen lassen.

6 Tomaten waschen, halbieren, die Stängelansätze herausschneiden, Tomaten in Scheiben schneiden. Käse in kleine Stücke teilen.

7 Brokkoliröschen, Tomaten und Oliven auf dem bestrichenen Teigboden verteilen, mit Käse bestreuen, Teig nochmals gehen lassen. Backblech in den Backofen schieben.

Ober-/Unterhitze:
200–220 °C (vorgeheizt)
Heißluft: 180–200 °C (vorgeheizt)
Gas: Stufe 3–4 (vorgeheizt)
Backzeit: 20–30 Min.

- **Tipp:**

Nach Belieben kann der Belag auch mit grünem Spargel, Artischockenherzen, Champignonscheiben oder anderen Gemüsesorten belegt werden.

Auflauf Hawaii

Foto
Zubereitungszeit: 50 Min.

Pro Portion:
E: 22 g, F: 37 g, Kh: 25 g,
kJ: 2301, kcal: 549

- **3 kg Porree (Lauch)**
- **4–5 EL Speiseöl**
- **Salz, Pfeffer**
- **geriebene Muskatnuss**
- **600 ml Schlagsahne**
- **6 Eier (Größe M)**
- **12 Scheiben gekochter Schinken**
- **12 Scheiben mittelalter Gouda**
- **1½ Dosen (je 490 ml) Ananasscheiben**
- **9 Scheiben Weißbrot**

1 Porree putzen, waschen und in etwa 1 cm große Ringe schneiden. Im erhitztem Öl etwa 3 Minuten dünsten. Mit Salz, Pfeffer und Muskat würzen. Porree in der Fettfangschale verteilen.

2 Sahne mit den Eiern verquirlen und darüber gießen. Fettfangschale in den Backofen schieben.

3 Schinken- und Käsescheiben vierteln. Die Ananasscheiben abtropfen lassen und halbieren. Die Brotscheiben toasten und würfeln.

4 Schinken, Ananas und Brotwürfel auf dem Porree verteilen, mit Käse belegen und bei gleicher Temperatur etwa 30 Minuten überbacken.

Ober-/Unterhitze:
etwa 200 °C (vorgeheizt)
Heißluft: etwa 180 °C (vorgeheizt)
Gas: Stufe 3–4 (vorgeheizt)
Backzeit: etwa 10 Min.

Glasierte Putenflügel

Zubereitungszeit: 90 Min.

Pro Portion:
E: 52 g, F: 9 g, Kh: 4 g,
kJ: 1437, kcal: 344

- **3 kg Putenflügel**
- **Salz, Pfeffer**
- **1 Lorbeerblatt**
- **3 Zwiebeln**
- **2 Knoblauchzehen**
- **8 EL Tomaten-Ketchup**
- **2 EL Sojasauce**
- **1 TL Sambal Oelek**
- **1 gehäufter EL Speisestärke**
- **3 EL Weinessig**

1 Putenflügel abspülen, trockentupfen und enthäuten. Flügel in einen Topf geben, mit Wasser bedeckt aufkochen, abschäumen, mit Salz, Pfeffer und Lorbeerblatt würzen.

2 Zwiebeln und Knoblauch abziehen, in feine Würfel schneiden, zu dem Fleisch geben und etwa 30 Minuten köcheln lassen.

3 Putenflügel aus der Brühe nehmen und in die Fettfangschale legen, mit 2 Tassen der Brühe übergießen. Restliche Brühe um die Hälfte einkochen lassen. Ketchup, Soja-sauce und Sambal Oelek hinzugeben und aufkochen lassen. Lorbeerblatt entfernen. Die Speisestärke mit Essig verrühren, die Sauce damit binden.

4 Die Putenflügel mit der Sauce bestreichen und die Fettfangschale in den Backofen schieben. Ab und zu mit der Sauce bestreichen.

Ober-/Unterhitze:
etwa 220 °C (vorgeheizt)
Heißluft: etwa 200 °C (vorgeheizt)
Gas: Stufe 4–5 (vorgeheizt)
Backzeit: etwa 30 Min.

Mexikanische Schnitzelpfanne

**Zubereitungszeit: 2 Std.,
ohne Ruhezeit**

**Pro Portion:
E: 34 g, F: 22 g, Kh: 30 g,
kJ: 1990 , kcal: 475**

- **4 Knoblauchzehen**
- **5 Zwiebeln**
- **je 2 rote und gelbe
  Paprikaschoten**
- **2–3 rote Chilischoten**
- **5 Stangen Staudensellerie**
- **4 EL Olivenöl**
- **1 Dose (285 g) Gemüsemais**
- **1 Dose (250 g) Kidney-
  bohnen**
- **250 ml (¼ l) Gemüsebrühe
  oder -fond**
- **750 g Tomaten-Ketchup**
- **Salz**
- **frisch gemahlener Pfeffer**
- **Chilipulver**
- **12 Schweineschnitzel
  (je 120 g)**
- **200 g geraspelter Edamer**
- **1 Bund glatte Petersilie**

1 Knoblauch und Zwiebeln abziehen, Zwiebeln in feine Scheiben schneiden und Knoblauch fein hacken.

2 Paprika halbieren, entstielen, entkernen, die weißen Scheidewände entfernen, Schoten waschen und in Streifen schneiden. Chili entstielen, halbieren, entkernen, waschen und in feine Würfel schneiden. Sellerie putzen, harte Außenfäden abziehen, Stangen waschen und in Scheiben schneiden.

3 Öl erhitzen, Knoblauch und Zwiebeln darin andünsten. Paprika, Chili, Sellerie, Mais, Bohnen, Brühe oder Fond und Ketchup zu den Zwiebeln geben. Mit Salz, Pfeffer und Chilipulver würzen und gut vermischen.

4 Schnitzel unter fließendem kalten Wasser abspülen, trockentupfen, in die Fettpfanne oder einen großen Bräter schichten, das Gemüse auf dem Fleisch verteilen und mit Käse überstreuen. Die Schnitzel mindestens 3 Stunden ruhen lassen.

5 Die Fettpfanne oder den Bräter in den Backofen, 2. Schiene von unten, schieben.

**Ober-/Unterhitze:
etwa 180 °C (vorgeheizt)
Heißluft: etwa 160 °C
(nicht vorgeheizt)
Gas: Stufe 2–3 (nicht vorgeheizt)
Backzeit: etwa 90 Min.**

6 Petersilie abspülen, trockentupfen, Blätter von den Stängeln zupfen und klein schneiden. Die Petersilie vor dem Servieren über die Schnitzelpfanne streuen.

■ **Beilage:**
Reis.

■ **Tipp:**
Statt Schweinefleisch kann auch Hähnchenbrustfilet oder Putenschnitzel verwendet werden, die Backzeit beträgt dann nur 60 Minuten.

Kartoffel-Matjes-Auflauf

Foto
Zubereitungszeit: 80 Min.

Pro Portion:
E: 11 g, F: 35 g, Kh: 32 g,
kJ: 2156, kcal: 515

- **2 kg Pellkartoffeln, am Vortag gekocht**
- **6 Zwiebeln**
- **200 g durchwachsener Speck**
- **12 Matjesfilets**
- **2 Bund Dill**
- **4 EL Speiseöl**
- **Salz, Pfeffer**

- **500 ml (½ l) Schlagsahne**

1 Kartoffeln pellen, in Scheiben schneiden. Zwiebeln abziehen und fein würfeln. Den Speck würfeln. Matjesfilets evtl. entgräten, quer in Streifen schneiden. Den Dill abspülen, trockentupfen und fein hacken.

2 Öl in einer Pfanne erhitzen, den Speck und die Zwiebeln darin glasig dünsten.

3 Eine große, feuerfeste Form oder Fettfangschale einfetten, die Hälfte der Kartoffeln und der Zwiebelmischung in die Form füllen, die Matjesstreifen darüber verteilen und mit dem Dill bestreuen.

4 Die restlichen Kartoffeln und den Rest der Zwiebelmischung darüber geben, leicht salzen und pfeffern. Den Auflauf mit der Sahne übergießen.

Ober-/Unterhitze:
etwa 200 °C (vorgeheizt)
Heißluft: etwa 180 °C
(nicht vorgeheizt)
Gas: Stufe 3–4 (nicht vorgeheizt)
Backzeit: etwa 45 Min.

Winzerroulade

Zubereitungszeit: 100 Min.

Pro Portion:
E: 19 g, F: 49 g, Kh: 32 g,
kJ: 2869, kcal: 685

- **3 Zwiebeln**
- **150 g Frühstücksspeck**
- **3 Äpfel, z. B. Boskop**
- **30 g Butterschmalz**
- **400 g Sauerkraut**
- **Salz, Pfeffer**
- **6 Wacholderbeeren**
- **1 Gewürznelke**
- **2 Lorbeerblätter**
- **400 ml trockener Weißwein**
- **2 Pck. (je 450 g) Blätterteig**

- **350 g gekochter Schinken**
- **150 g gehackte Walnüsse**
- **200 g geriebener Emmentaler**
- **1 EL Schlagsahne**

1 Zwiebeln abziehen und würfeln. Speck in feine Würfel schneiden. Äpfel schälen, das Kerngehäuse entfernen, Äpfel klein schneiden. Die 3 Zutaten in Butterschmalz kurz andünsten. Sauerkraut, etwas Salz und Pfeffer, Wacholderbeeren, Nelke, Lorbeerblätter und Wein hinzugeben und etwa 20 Minuten dünsten lassen.

2 Blätterteig auftauen lassen, ausrollen. Schinken in Würfel schneiden und auf dem Blätterteig verteilen. Sauerkraut darüber geben, mit Walnüssen und Käse bestreuen. Blätterteig an den Rändern mit Wasser anfeuchten, zusammenlegen und mit Sahne bestreichen. Blätterteigrouladen auf ein mit kaltem Wasser abgespültes Backblech legen.

Ober-/Unterhitze:
etwa 200 °C (vorgeheizt)
Heißluft: etwa 180 °C
(nicht vorgeheizt)
Gas: Stufe 3–4 (nicht vorgeheizt)
Backzeit: 45–50 Min.

Quiche Lorraine vom Blech

Zubereitungszeit: 70 Min.

Pro Portion:
E: 17 g, F: 55 g, Kh: 33 g,
kJ: 3037, kcal: 726

Für den Teig:
- 500 g Weizenmehl
- 2 Eigelb (Größe M)
- 1 Prise Salz
- 8 EL Wasser
- 250 g Butter

Für den Belag:
- 200 g Gouda
- 250 g durchwachsener Speck
- 1 EL Butterschmalz
- 8 Eier (Größe M)
- 500 ml (½ l) Schlagsahne
- Salz
- frisch gemahlener Pfeffer
- geriebene Muskatnuss

1 Für den Teig Mehl in eine Rührschüssel sieben. Eigelb, Salz, Wasser und Butter hinzufügen.

2 Die Zutaten mit Handrührgerät mit Knethaken zunächst kurz auf niedrigster, dann auf höchster Stufe gut durcharbeiten. Auf der Arbeitsfläche zu einem glatten Teig verkneten.

3 Den Teig auf einem gefetteten Backblech ausrollen, am Rand etwas hochdrücken, so dass ein etwa 2 cm hoher Rand entsteht. Den Teigboden mehrmals mit einer Gabel einstechen. Backblech in den Backofen schieben.

Ober-/Unterhitze:
200–220 °C (vorgeheizt)
Heißluft: 180–200 °C (vorgeheizt)
Gas: etwa Stufe 4 (vorgeheizt)
Backzeit: etwa 15 Min.

4 Für den Belag Gouda in feine Streifen schneiden. Speck würfeln, in Butterschmalz andünsten und abkühlen lassen.

5 Käse, Eier und Sahne verrühren, mit Salz, Pfeffer und Muskat würzen.

6 Den Belag auf dem vorgebackenen Boden verteilen und fertig backen.

Ober-/Unterhitze:
200–220 °C (vorgeheizt)
Heißluft: 180–200 °C (vorgeheizt)
Gas: Stufe 4–5 (vorgeheizt)
Backzeit: etwa 25 Min.

Aus dem Ofen, auf den Tisch — PREISWERT / EINFACH

Paella

Zubereitungszeit: 110 Min.

Pro Portion:
E: 37 g, F: 8 g, Kh: 28 g,
kJ: 1413, kcal: 337

- 4 EL Olivenöl
- 800 g Hähnchenbrustfilet
- Salz
- frisch gemahlener Pfeffer
- 4 Zwiebeln
- 2 Knoblauchzehen
- 4 rote Paprikaschoten
- 300 g Langkornreis
- 1½ l Gemüsebrühe
- 3 Msp. gemahlener Safran
- 2 EL Tomatenmark
- 300 g TK-Erbsen
- 400 g Tintenfischringe
- 400 g Miesmuschelfleisch
  (aus dem Glas)
- 400 g Shrimps
- 1 EL Paprika edelsüß

1 Einen Universalbräter, mit Olivenöl eingefettet, auf dem Rost in den Backofen schieben.

Ober-/Unterhitze:
etwa 220 °C (vorgeheizt)
Heißluft: etwa 200 °C (vorgeheizt)
Gas: Stufe 3–4 (vorgeheizt)
Erhitzzeit: etwa 15 Min.

2 Die Hähnchenbrustfilets unter fließendem kalten Wasser abspülen, trockentupfen, in Würfel schneiden und in den Universalbräter legen, diesen wieder in den Backofen schieben. Filets anbraten.

Ober-/Unterhitze:
etwa 200 °C (vorgeheizt)
Heißluft: etwa 180 °C (vorgeheizt)
Gas: Stufe 3–4 (vorgeheizt)
Bratzeit: etwa 5 Min.

3 Das Fleisch ab und zu wenden, herausnehmen und mit Salz und Pfeffer würzen.

4 Zwiebeln und Knoblauch abziehen und beides würfeln. Paprika halbieren, entstielen, entkernen, die weißen Scheidewände entfernen, Schoten waschen und in Streifen schneiden. Die 3 Zutaten in den Bräter geben.

5 Langkornreis, Brühe und Safran hinzufügen und den Bräter wieder für etwa 25 Minuten bei gleicher Temperatur in den Backofen schieben.

6 Tomatenmark und Erbsen unterrühren. Tintenfischringe, Miesmuscheln und Shrimps unter fließendem kalten Wasser abspülen, trockentupfen und mit den Hähnchenbrustfilets unter den Reis rühren.

7 Mit Salz, Pfeffer und Paprika abschmecken. Bräter für weitere 10–15 Minuten bei gleicher Temperatur in den Backofen schieben.

Fleisch-spezialitäten

Es muss ja nicht immer Gulasch sein. Hier kommen neue Rezepte, die alle eins gemeinsam haben: Sie sind gut vorzubereiten und bringen Abwechslung. Wundern Sie sich nicht, wenn Sie nach dem Rezept gefragt werden.

Filettopf

Zubereitungszeit: 95 Min.

Pro Portion:
E: 38 g, F: 74 g, Kh: 5 g,
kJ: 3639, kcal: 869

- 4 Schweinefilets (je 400 g)
- 2 geh. EL milder Senf
- 24 Scheiben geräucherter Schinkenspeck
- 3 kleine Gläser kleine Champignons (je 170 g Abtropfgewicht)
- Salz
- frisch gemahlener, schwarzer Pfeffer
- je 1 TL Majoran, Dillspitzen und gehackte Petersilie

Für die Sauce:
- 1250 ml (5 Becher) Schlagsahne
- 4 gestr. EL Paprikapulver
- 4 gestr. TL Currypulver

1 Schweinefilets unter fließendem kalten Wasser abspülen, trockentupfen und jedes Filet in 6 Scheiben schneiden, so dass 24 Medaillons entstehen.

2 Jedes Medaillon mit Senf bestreichen und mit je 1 Scheibe Schinkenspeck umwickeln. Die Fleischstücke nicht zu nah aneinander in eine große Auflaufform oder einen Bräter legen.

3 Champignons auf einem Sieb abtropfen lassen, dann die Zwischenräume der Medaillons damit ausfüllen. Das Ganze mit Salz, Pfeffer, Majoran, Dillspitzen und Petersilie bestreuen.

4 Für die Sauce Sahne mit Paprika und Curry verrühren und auf die Medaillons gießen. Die Form oder den Bräter zugedeckt auf dem Rost in den Backofen schieben.

Ober-/Unterhitze:
etwa 180 °C (vorgeheizt)
Heißluft: etwa 160 °C
(nicht vorgeheizt)
Gas: Stufe 2–3 (nicht vorgeheizt)
Backzeit: etwa 60 Min.

104 Fleischspezialitäten

ETWAS TEURER

Pfifferlingsschnitzel

Zubereitungszeit: 45 Min.

Pro Portion:
E: 27 g, F: 28 g, Kh: 2 g,
kJ: 1649, kcal: 393

- 3 kleine Zwiebeln
- 50 g Butter
- 600 g Pfifferlinge
- Salz
- frisch gemahlener Pfeffer
- 2 EL gehackte Petersilie
- 12 Schweineschnitzel (je etwa 150 g)
- 2–3 EL Worcestersauce
- 30 g Weizenmehl
- 80 g Margarine oder Butterschmalz
- 12 Scheiben mittelalter Gouda oder Emmentaler

1 Zwiebeln abziehen und fein würfeln. Butter zerlassen und die Zwiebelwürfel darin andünsten.

2 Pfifferlinge putzen, mit Küchenpapier abreiben, evtl. abspülen, trockentupfen, dazugeben, mit Salz und Pfeffer würzen, gar dünsten lassen und mit Petersilie vermengen.

3 Schnitzel kalt abspülen, trockentupfen mit Pfeffer bestreuen, mit Worcestersauce beträufeln und mit etwas Mehl bestäuben. Fett erhitzen, Schnitzel darin von beiden Seiten 6–8 Minuten braten, aus der Pfanne nehmen, auf ein mit Alufolie belegtes Backblech legen.

4 Pfifferlinge auf den Schnitzel verteilen, je 1 Scheibe Käse auf jedes Schnitzel legen, das Backblech in den Backofen schieben.

Ober-/Unterhitze:
etwa 220 °C (vorgeheizt)
Heißluft: etwa 200 °C (vorgeheizt)
Gas: Stufe 4–5 (vorgeheizt)
Backzeit: 10–15 Min.

Beigabe:
Butterreis, bunter Salat.

Tipp:
Die Pfifferlingsschnitzel können bis Arbeitsschritt 3 vorbereitet werden. Dann kurz vor dem Verzehr überbacken. Die Überbackzeit erhöht sich bei den kalten Schnitzeln dann bei 200 °C (Heißluft: etwa 180 °C, Gas: Stufe 3–4) auf etwa 20 Minuten. Wer keine frischen Pfifferlinge bekommt, kann auch welche aus dem Glas nehmen oder statt Pfifferlingen Champignons verwenden.

Schweinefilet in Sojasauce

Zubereitungszeit: 100 Min.,
ohne Marinierzeit

Pro Portion:
E: 44 g, F: 20 g, Kh: 7 g,
kJ: 1670, kcal: 398

- ■ **2 kg Schweinefilet**
- ■ **150 ml Sojasauce**
- ■ **6 Zwiebeln**
- ■ **3 rote Paprikaschoten**
- ■ **1 kg Champignons**
- ■ **8–10 Gewürzgurken**
- ■ **4 EL Speiseöl**
- ■ **Salz**
- ■ **frisch gemahlener Pfeffer**
- ■ **2 Prisen Zucker**
- ■ **300 g saure Sahne**
- ■ **500 g Schmand**
- ■ **400 ml Hühnerbrühe**
- ■ **1 Bund gehackte Petersilie**

1 Schweinefilet unter fließendem kalten Wasser abspülen, trockentupfen und in 3 cm dicke Scheiben schneiden. Die Fleischscheiben in eine Auflaufform legen, mit Sojasauce begießen und etwa 30 Minuten marinieren, zwischendurch wenden.

2 Zwiebeln abziehen und in Scheiben schneiden. Paprika halbieren, entstielen, entkernen, die weißen Scheidewände entfernen, Schoten waschen und in Streifen schneiden.

3 Pilze putzen, mit Küchenpapier abreiben, evtl. abspülen, größere Pilze halbieren oder vierteln, kleine ganz lassen. Gurken in Streifen schneiden.

4 Die Fleischscheiben aus der Marinade nehmen, trockentupfen und portionsweise in heißem Fett von beiden Seiten 2–3 Minuten anbraten.

5 Das Fleisch aus der Pfanne nehmen und in eine große, gefettete Auflaufform geben.

6 Zwiebeln, Paprika und Pilze in dem verbliebenen Bratfett etwa 5 Minuten andünsten. Mit Salz, Pfeffer und Zucker würzen.

7 Die Gurkenstreifen zu dem Gemüse geben. Saure Sahne, Schmand, Brühe und die vom Marinieren zurückbehaltene Sojasauce hinzufügen, erhitzen und mit Salz, Pfeffer und Zucker abschmecken. Das Gemüse über das Fleisch in der Auflaufform geben. Die Form zugedeckt auf dem Rost in den Backofen schieben.

Ober-/Unterhitze:
etwa 200 °C (vorgeheizt)
Heißluft: etwa 180 °C (vorgeheizt)
Gas: Stufe 3–4 (vorgeheizt)
Backzeit: etwa 15 Min.

8 Das Schweinefilet mit Petersilie bestreut servieren.

■ **Tipp:**

Nach Belieben 2 Esslöffel Weizenmehl mit etwas kaltem Wasser anrühren und die Sauce damit binden. Das Schweinefilet kann auch am Vortag schon so weit vorbereitet werden, dass es am Tag der Feier nur noch in den Backofen geschoben werden muss. Das Fleisch sollte zugedeckt kühl stehen. Die Backzeit erhöht sich dann auf etwa 30–45 Minuten.

Lammkeule mit Minzsauce

Zubereitungszeit: 2 Std.

Pro Portion:
E: 31 g, F: 25 g, Kh: 2 g,
kJ: 1516, kcal: 358

Für die Minzsauce:
- **500 ml (½ l) Wasser**
- **Salz**
- **1 EL Zucker**
- **4 Beutel Pfefferminztee**
- **250 ml (¼ l) Kräuteressig**
- **2 kg Lammkeule (ohne Knochen)**
- **3 abgezogene Knoblauchzehen**
- **Chilipulver**
- **2 EL Minzeblätter, in Streifen geschnitten**

1 Wasser mit 1 Teelöffel Salz und Zucker aufkochen, Pfefferminztee damit aufbrühen, Essig hinzugießen, abkühlen lassen (nach Belieben abschmecken).

2 Lammkeule unter fließendem kalten Wasser abspülen und trockentupfen. Knoblauch mit Salz zerdrücken, die Lammkeule innen damit einreiben und dann mit Küchengarn zusammenbinden. Das Fleisch außen mit Salz und Chili einreiben.

3 Lammkeule in einem Bräter in erhitztem Öl rundherum anbraten und etwas Minztee hinzufügen. Den Bräter auf dem Rost in den Backofen schieben.

Ober-/Unterhitze:
etwa 180 °C (vorgeheizt)
Heißluft: etwa 160 °C
(nicht vorgeheizt)
Gas: Stufe 2–3 (nicht vorgeheizt)
Garzeit: etwa 90 Min.

4 Verdampfte Flüssigkeit nach und nach durch Minztee ersetzen.

5 Die Lammkeule aus dem Bräter nehmen, mit Alufolie bedecken und etwa 10 Minuten ruhen lassen, damit sich der Fleischsaft setzt.

6 Den Bratensatz etwas einkochen lassen und abschmecken. Das Fleisch in Scheiben schneiden. Minzestreifen vor dem Servieren unter die Sauce rühren. Die Sauce zu dem Fleisch reichen.

- **Beilage:**
Grüne Bohnen mit angedünsteten Zwiebelstreifen.

Putenbraten mit Aprikosensauce

Zubereitungszeit: 2 Std.

Pro Portion:
E: 42 g, F: 2 g, Kh: 13 g,
kJ: 1165, kcal: 278

- 2 kg Putenbrust
- Salz
- frisch gemahlener Pfeffer
- gemahlener Ingwer, Zimt oder Koriander

Für die Sauce:
- 200 g getrocknete Aprikosen
- 2 TL abgeriebene Schale von 1 Orange (unbehandelt)
- 250 ml (1/4 l) Orangensaft
- 2 TL fein gewürfelte Ingwerwurzel
- 2 EL Weißweinessig
- Salz
- 2 EL Aprikosenkonfitüre
- 250 ml (1/4 l) Weißwein
- 4 EL Sojasauce
- 125 ml (1/8 l) Wasser
- 1 EL Speisestärke

1 Putenbrust unter fließendem kalten Wasser abspülen, trockentupfen und mit Salz, Pfeffer und Ingwer, Zimt oder Koriander würzen. Die Putenbrust mit Küchengarn umwickeln und festbinden.

2 Für die Sauce Aprikosen in kleine Stücke schneiden und mit Orangenschale, -saft, Ingwer, Essig, Salz, Konfitüre, Wein und Sojasauce vermischen.

3 Die Sauce in eine große Auflaufform füllen, das Fleisch hineinlegen und die Form auf dem Rost in den Backofen schieben.

Ober-/Unterhitze:
etwa 180 °C (vorgeheizt)
Heißluft: etwa 160 °C
(nicht vorgeheizt)
Gas: etwa Stufe 4 (nicht vorgeheizt)
Bratzeit: etwa 90 Min.

4 Wasser mit Speisestärke verrühren und etwa 30 Minuten vor Beendigung der Bratzeit in die Sauce rühren. Den Braten mit etwas Sauce übergießen und weitergaren.

5 Den Putenbraten aus dem Backofen nehmen, zugedeckt 5–10 Minuten ruhen lassen, dann in Scheiben schneiden und mit der Sauce anrichten.

- **Beilage:**
Reis oder Nudeln und Buttererbsen.

- **Tipp:**
Die Putenbrust vor dem Braten mit rohen Schinkenscheiben umwickeln.

Hähnchenbrustfilets in Zwiebel-Sahne-Sauce

Foto

Zubereitungszeit: 55 Min., ohne Marinierzeit

Pro Portion:
E: 39 g, F: 15 g, Kh: 8 g, kJ: 1393, kcal: 334

- **12 Hähnchenbrustfilets (je etwa 150 g)**
- **6 EL Sojasauce**
- **2 Stangen Porree (Lauch)**
- **3 Beutel Zwiebelsuppe, z. B. von Maggi**
- **1 l Schlagsahne**
- **500 ml (¹/₂ l) Wasser**

1 Hähnchenbrustfilets kalt abspülen, trockentupfen und in eine gefettete Fettfangschale legen. Das Fleisch mit Sojasauce beträufeln und 1 Stunde kühl stellen.

2 Porree putzen, längs halbieren, waschen, in Ringe schneiden und auf dem Fleisch verteilen. Das Zwiebelsuppenpulver mit Sahne und Wasser verrühren und über die Filets gießen. Die Fettfangschale in den Backofen schieben.

Ober-/Unterhitze: etwa 200 °C (vorgeheizt)
Heißluft: etwa 180 °C (nicht vorgeheizt)
Gas: Stufe 3–4 (nicht vorgeheizt)
Backzeit: etwa 40 Min.

- **Tipp:**

Nach Belieben nach etwa der Hälfte der Garzeit die Hähnchenbrustfilets mit 200 g geriebenem Gouda bestreuen. Statt Hähnchenbrustfilets können auch Schweinesteaks genommen werden.

Putenbrust in Currysauce

Zubereitungszeit: 70 Min., ohne Marinierzeit

Pro Portion:
E: 30 g, F: 28 g, Kh: 23 g, kJ: 2053, kcal: 491

- **4 Putenbrustfilets (je 300 g)**
- **125 ml (¹/₈ l) Sojasauce**
- **1 Dose Pfirsiche (500 g Abtropfgewicht)**
- **2 Fl. (je 250 g) Currysauce**
- **500 ml (¹/₂ l) Schlagsahne**
- **400 g Schmand**
- **Pfeffer, Chinagewürz**
- **125 g geriebener Gouda**

1 Putenbrustfilets kalt abspülen, trockentupfen und in etwa 1 cm dicke Scheiben schneiden. Die Fleischstücke in eine Fettfangschale geben, mit Sojasauce begießen und 3–4 Stunden darin marinieren.

2 Pfirsiche abtropfen lassen, den Saft dabei auffangen und 100–200 ml abmessen. Die Pfirsiche in Stücke schneiden und über dem Fleisch verteilen.

3 Currysauce mit Sahne, Schmand, Pfirsichsaft, Pfeffer und Chinagewürz verrühren. Die Sauce auf die Putenbrustscheiben und Pfirsiche gießen, die Fettfangschale mit Alufolie zudecken.

Ober-/Unterhitze: etwa 180 °C (vorgeheizt)
Heißluft: etwa 160 °C (nicht vorgeheizt)
Gas: Stufe 2–3 (nicht vorgeheizt)
Backzeit: 30–40 Min.

4 Nach der Hälfte der Garzeit den Käse darüber streuen und das Fleisch offen weitergaren.

Schlemmertopf

Foto
Zubereitungszeit: 2 Std.,
ohne Durchziehzeit

Pro Portion:
E: 39 g, F: 58 g, Kh: 13 g,
kJ: 3263, kcal: 780

- 12 Schweinekoteletts (je 150 g)
- Salz, Pfeffer
- 120 g Weizenmehl
- 8 EL Speiseöl
- 750 g Zwiebeln
- 60 g Butter
- 1 Glas (480 g) Champignons
- 300 g gekochter Schinken
- 150 g roher Schinken
- 300 g saure Sahne
- 500 ml (1/2 l) Schlagsahne

1 Koteletts unter fließendem kalten Wasser abspülen, trockentupfen, mit Salz und Pfeffer bestreuen, in Mehl wenden.

2 Die Koteletts in erhitztem Öl braten und in eine Auflaufform schichten.

3 Zwiebeln abziehen, in Scheiben schneiden, in zerlassener Butter dünsten. Champignons hinzufügen.

4 Schinken würfeln und zu den Zwiebeln geben. Diese Masse dann über die Koteletts geben, darauf die verrührte Sahne geben, im Kühlschrank 24 Stunden ziehen lassen.

5 Die Auflaufform auf dem Rost in den Backofen stellen.

Ober-/Unterhitze:
etwa 200 °C (vorgeheizt)
Heißluft: etwa 180 °C
(nicht vorgeheizt)
Gas: Stufe 3–4 (nicht vorgeheizt)
Bratzeit: etwa 1 Std.

- **Beilage:**
Baguette, Reis oder Bratkartoffeln.

Bunte Spaghetti-Pfanne

Zubereitungszeit: 40 Min.

Pro Portion:
E: 38 g, F: 27 g, Kh: 69 g,
kJ: 2943, kcal: 703

- 1 kg Spaghetti
- 4–5 l kochendes Salzwasser
- 2 Dosen (je 280 g) Mais
- 4 Zwiebeln
- 80 g Butter oder Margarine
- 150 g durchwachsener Speck
- 2 abgezogene, zerdrückte Knoblauchzehen
- 2 Pck. (je 450 g) tiefgekühltes Sommergemüse
- 1 kg Hähnchenbrustfilet
- 6 EL Speiseöl
- Salz, Pfeffer
- gemahlener Koriander

1 Spaghetti in kochendem Salzwasser 8–10 Minuten kochen. Spaghetti auf ein Sieb geben, mit kaltem Wasser abspülen, abtropfen lassen.

2 Mais abtropfen lassen. Zwiebeln abziehen, würfeln.

3 Fett zerlassen. Speck in Würfel schneiden, mit Knoblauch und Zwiebelwürfeln in dem Fett andünsten. Sommergemüse und Mais hinzufügen und 10 Minuten dünsten.

4 Hähnchenfilet abspülen, trockentupfen, in Streifen schneiden. In dem Öl portionsweise anbraten, mit Nudeln und Gemüse vermengen, würzen und erhitzen.

116 Fleischspezialitäten

GUT VORZUBEREITEN

Putengeschnetzeltes mit Kräuterfrischkäse

Foto
Zubereitungszeit: 40 Min.

Pro Portion:
E: 37 g, F: 27 g, Kh: 5 g,
kJ: 1875, kcal: 448

- 1½ kg Putenfilet
- 2 Gläser (je 480 g) Champignons
- 4 Zwiebeln
- 8 EL Speiseöl
- Salz, Pfeffer
- 500 ml (½ l) Schlagsahne
- 500 ml (½ l) Hühnerbrühe
- 400 g Kräuterfrischkäse
- 200 ml Weißwein
- 1 EL Currypulver
- Knoblauchsalz

1 Putenfilet unter fließendem kalten Wasser abspülen, trockentupfen, in Streifen schneiden. Champignons auf ein Sieb geben, in Scheiben schneiden.

2 Zwiebeln abziehen, würfeln. Öl erhitzen, Fleischstreifen portionsweise darin anbraten, mit Salz und Pfeffer bestreuen. Zwiebeln hinzufügen und mitandünsten.

3 Mit der Sahne und Brühe ablöschen und aufkochen lassen. Die Champignons, Kräuterfrischkäse und Wein unterrühren und erhitzen.

4 Das Geschnetzelte mit den Gewürzen abschmecken und servieren.

- **Beilage:**
Bandnudeln oder Reis, Salat.

Hähnchengeschnetzeltes Stroganoff

Zubereitungszeit: 40 Min.

Pro Portion:
E: 29 g, F: 29 g, Kh: 7 g,
kJ: 1758, kcal: 420

- 1,2 kg Hähnchenbrustfilet
- 50 g Weizenmehl
- 8 EL Speiseöl
- Salz, Pfeffer
- 4 Zwiebeln
- 2 Stangen Porree (Lauch, 400 g)
- 40 g Butter
- 6 große Gewürzgurken
- 250 ml (¼ l) Schlagsahne
- 400 g Schmand
- 100 ml Weißwein

1 Hähnchenbrustfilet kurz unter fließendem kalten Wasser abspülen, trockentupfen, in Streifen schneiden, mit Mehl bestäuben.

2 Etwas von dem Öl erhitzen, die Fleischstreifen in Portionen darin anbraten, mit Salz und Pfeffer bestreuen, herausnehmen.

3 Zwiebeln abziehen, würfeln, in dem verbliebenem Fett andünsten. Porree putzen, längs halbieren, waschen, in Streifen schneiden. Beides in dem verbliebenem Fett mit zerlassener Butter andünsten.

4 Gurken in Streifen schneiden, mit Sahne und Schmand in einem großen Topf mischen. Das Fleisch und Weißwein hineingeben und zum Kochen bringen. Mit Salz und Pfeffer abschmecken.

Räuberhackbraten

Zubereitungszeit: 110 Min.

Pro Portion:
E: 29 g, F: 53 g, Kh: 7 g,
kJ: 2742, kcal: 654

- 2 Brötchen (vom Vortag)
- 200 g junger Gouda
- 4 Zwiebeln
- 3 Knoblauchzehen
- 2 rote Paprikaschoten
- 1 Glas (360 g) Champignons
- 5 EL Speiseöl
- 1,2 kg Gehacktes (halb Rind-, halb Schweinefleisch)
- 4 Eier (Größe M)
- 1 EL Paprika edelsüß
- 1 EL Paprika scharf
- Salz
- frisch gemahlener Pfeffer
- 300 g durchwachsener Speck

1 Brötchen in kaltem Wasser einweichen. Käse würfeln. Zwiebeln und Knoblauch abziehen und fein hacken.

2 Paprikaschoten vierteln, entkernen, die weißen Scheidewände entfernen, Paprika waschen und in kleine Würfel schneiden. Pilze abtropfen lassen und in feine Scheiben schneiden.

3 Öl erhitzen, Zwiebel- und Knoblauchwürfel darin andünsten. Paprikawürfel hinzufügen, mitandünsten. Pilze und Käse unterheben.

4 Brötchen gut ausdrücken. Alle Zutaten mit dem Hackfleisch und Eiern zu einem Teig verarbeiten, mit den Gewürzen abschmecken.

5 Den Speck in Scheiben schneiden. Die Hackfleischmasse zu einem Kloß formen, die Speckscheiben darauf legen, mit Küchengarn zusammenbinden und in eine Fettfangschale legen.

6 Die Fettfangschale in den Backofen schieben. Nach und nach etwas Wasser hinzufügen.

Ober-/Unterhitze:
etwa 180 °C (vorgeheizt)
Heißluft: etwa 160 °C
(nicht vorgeheizt)
Gas: etwa Stufe 3 (nicht vorgeheizt)
Bratzeit: 75 Min.

- **Beilage:**
Gemischte Salate, frisches Baguette und Rotwein.

- **Tipp:**
Den Hackbraten kalt oder warm in Scheiben schneiden. Zur Abwandlung gekochten Schinken in Würfeln unter die Hackmasse geben.

Schnitzelpfanne

Zubereitungszeit: 2 Std., ohne Ziehen lassen

Pro Portion:
E: 51 g, F: 61 g, Kh: 8 g,
kJ: 3501, kcal: 835

- **12 große Schweineschnitzel**
- **Salz**
- **frisch gemahlener Pfeffer**
- **Butter oder Margarine**
- **12 Scheiben Chesterkäse**
- **1 kg frische Champignons (oder aus der Dose)**
- **3 Zwiebeln**
- **250 g geräucherter Speck**
- **4 Stangen Porree (Lauch)**
- **750 ml (³/₄ l) Schlagsahne**
- **250 g Schmand**
- **Paprikapulver**
- **Currypulver**
- **2 Pck. Jägersauce (Fertigprodukt für je ¹/₄ l Flüssigkeit)**

1 Schnitzel unter fließendem kalten Wasser abspülen, trockentupfen, mit Salz und Pfeffer würzen.

2 Eine Fettpfanne einfetten, die rohen Schnitzel nebeneinander hineinlegen und auf jedes Schnitzel eine Scheibe Käse legen.

3 Pilze putzen, mit Küchenpapier abreiben, in Scheiben schneiden. Zwiebeln abziehen und würfeln, Speck würfeln.

4 Speck, Zwiebeln und Champignons in einer Pfanne anbraten, mit Pfeffer würzen, anschließend über die Schnitzel verteilen.

5 Porree putzen, das Grün entfernen, nur das Weiße in Ringe schneiden, waschen und auch auf die Schnitzel verteilen.

6 Sahne und Schmand mit Salz, Pfeffer, Paprika und Curry würzen.

7 Jägersauce in die kalte Sahne einrühren und über die Schnitzel in der Fettpfanne gießen. Das Ganze zugedeckt und kühl gestellt 24 Stunden durchziehen lassen.

8 Am nächsten Tag die Schnitzelpfanne im Backofen garen.

Ober-/Unterhitze:
etwa 180 °C (vorgeheizt)
Heißluft:
etwa 160 °C (nicht vorgeheizt)
Gas: etwa Stufe 3 (nicht vorgeheizt)
Bratzeit: etwa 90 Min.

- **Abwandlung:**

Würzige Schnitzelpfanne

Die Schnitzel können auch vorher angebraten werden, anschließend mit Senf und Tomatenmark bestreichen. Gedünstete Zwiebel- und Speckwürfel in eine Fettpfanne geben, Schnitzel darauf verteilen und mindestens 12 Stunden ziehen lassen. Pusztasalat (aus dem Glas) und geschnittene Champignons (aus der Dose) abtropfen lassen, mit Schlagsahne vermischen, über die Schnitzel verteilen und im Backofen garen.

- **Tipp:**

Statt Jägersauce Zwiebelsauce verwenden.

- **Beilage:**

Rohkostsalat, Reis oder Baguette.

122 Fleischspezialitäten

DAUERT LÄNGER

Schnitzel im Backofen

Foto
Zubereitungszeit: 55 Min.

Pro Portion:
E: 38 g, F: 30 g, Kh: 10 g,
kJ: 2074, kcal: 495

- **12 Schnitzel (je 180 g)**
- **Salz, Pfeffer**
- **2 Eier (Größe M)**
- **6 EL Wasser**
- **150 g Semmelbrösel**
- **125 ml (¹/₈ l) Speiseöl**
- **2 EL Paprikapulver, edelsüß**

1 Schnitzel unter fließendem kalten Wasser abspülen, trockentupfen, mit Salz und Pfeffer würzen.

2 Eier mit Wasser verschlagen. Schnitzel erst in verschlagenem Ei, dann in den Semmelbröseln wenden, gut andrücken.

3 Öl mit dem Paprikapulver verrühren, das Backblech damit bestreichen. Schnitzel darauf legen und ebenfalls mit dem Öl-Paprika-Gemisch bestreichen.

4 Blech in den Backofen schieben und die Schnitzel während des Bratens einmal wenden.

Ober-/Unterhitze:
etwa 220 ˚C (vorgeheizt)
Heißluft: etwa 200 ˚C (vorgeheizt)
Gas: Stufe 4–5 (vorgeheizt)
Garzeit: etwa 25 Min.

- **Beilage:**
Bunter Kartoffelsalat.

Römische Lammpfanne

Zubereitungszeit: 90 Min.

Pro Portion:
E: 30 g, F: 41 g, Kh: 4 g,
kJ: 2332, kcal: 557

- **1,8 kg Lammfleisch aus der Keule (ohne Knochen)**
- **6 Zwiebeln**
- **8 Tomaten**
- **6 EL Speiseöl**
- **Salz, Pfeffer**
- **2–3 EL Tomatenmark**
- **4 Knoblauchzehen**
- **500 ml (¹/₂ l) Rotwein**
- **125 ml (¹/₈ l) Schlagsahne**
- **1 EL Rosmarinnadeln**
- **gerebelter Oregano**
- **120 g geriebener Parmesan**

1 Lammfleisch unter fließendem kalten Wasser abspülen, trockentupfen und in 2 cm große Würfel schneiden.

2 Zwiebeln abziehen und würfeln. Tomaten kurze Zeit in kochendes Wasser legen (nicht kochen lassen), in kaltem Wasser abschrecken, enthäuten, Stängelansätze herausschneiden und Tomaten vierteln.

3 Öl erhitzen, Fleischwürfel darin anbraten, Zwiebelwürfel hinzufügen, glasig dünsten lassen, mit Salz, Pfeffer und Tomatenmark würzen.

4 Knoblauch abziehen und durchpressen, mit dem Rotwein hinzufügen.

5 Das Ganze zugedeckt etwa 60 Minuten schmoren lassen. 15 Minuten vor Beendigung der Garzeit Tomatenwürfel und Sahne dazugeben und erhitzen.

6 Mit Salz, Pfeffer, Rosmarin und Oregano abschmecken. Zum Schluss Parmesan darüber geben.

- **Beilage:**
Nudeln.

Filet mit Obst

Foto
Zubereitungszeit: 60 Min.

Pro Portion:
E: 34 g, F: 29 g, Kh: 18 g,
kJ: 2007, kcal: 479

- 1½ kg Schweinefilet
- 120 g Pflanzenfett
- Salz, Pfeffer
- 1 Dose (480 g) Pfirsiche
- 3 Bananen
- 500 ml (½ l) Schlagsahne
- 6 EL Tomaten-Ketchup
- 1 EL Currypulver
- 200 g geriebener Gouda

1 Filet unter fließendem kalten Wasser abspülen, trockentupfen, zuerst in Scheiben, dann in Streifen schneiden.

2 Fett erhitzen, die Filetstreifen in Portionen anbraten, mit Salz und Pfeffer bestreuen und in eine große Auflaufform oder Fettfangschale geben.

3 Pfirsiche abtropfen lassen, in Spalten schneiden. Bananen schälen, in Scheiben schneiden. Das Obst mit dem Fleisch mischen.

4 Sahne, Ketchup und Curry verrühren und über das Fleisch verteilen. Den Käse darüber streuen.

5 Die Fettfangschale oder die Form auf dem Rost in den Backofen schieben.

Ober-/Unterhitze:
etwa 200 °C (vorgeheizt)
Heißluft:
etwa 180 °C (vorgeheizt)
Gas: Stufe 3–4 (vorgeheizt)
Bratzeit: etwa 25 Min.

Bunte Fleischpfanne

Zubereitungszeit: 70 Min.

Pro Portion:
E: 31 g, F: 17 g, Kh: 6 g,
kJ: 1271, kcal: 304

- 1,6 kg Rinder- oder Schweinefilet
- 50 g Speisestärke
- 150 ml Sojasauce
- 6 Möhren
- 1½ kg Chinakohl
- 125 ml (⅛ l) Speiseöl
- Salz
- frisch gemahlener Pfeffer

1 Das Fleisch unter fließendem kalten Wasser abspülen, trockentupfen, in fünfmarkstückgroße Scheiben schneiden.

2 Speisestärke und Sojasauce vermischen, Fleisch darin wenden, 30 Minuten kühl stellen, zwischendurch wenden.

3 Inzwischen Möhren putzen, schälen, waschen, in feine Streifen schneiden. Chinakohl ebenfalls putzen, waschen und klein schneiden.

4 Eine große Pfanne (oder einen chinesischen Wok) mit Öl bei hoher Temperatur erhitzen.

5 Das abgetupfte Fleisch unter dauerndem Umrühren in Portionen etwa 5 Minuten braten. Dann herausnehmen oder an die Seite schieben, die Gemüsestreifen ins Fett geben. Unter dauerndem Rühren einige Minuten braten. Fleisch und die übrige Sojasauce wieder zufügen, alles untereinanderrühren.

6 Die Fleischpfanne mit Salz, Pfeffer abschmecken.

Hawaii-Schnitzel

Zubereitungszeit: 90 Min.

Pro Portion:
E: 47 g, F: 73 g, Kh: 9 g,
kJ: 3883, kcal: 927

- **12 Schweine- oder Hähnchenschnitzel (je 125g)**
- **Salz**
- **frisch gemahlener Pfeffer**
- **1,2 l Schlagsahne**
- **3 Becher (je 150 g) Crème fraîche**
- **6 TL helles Saucenpulver**
- **3 Pck. Rahmsaucenpulver**
- **Sojasauce**
- **600 g Schinkenwürfel**
- **12 Scheiben Ananas**
- **24 Scheibletten-Käse**
- **12 Cocktailkirschen**

1 Schnitzel unter fließendem kalten Wasser abspülen, trockentupfen, halbieren und mit Salz und Pfeffer würzen. Die Schnitzel in eine gefettete Auflaufform legen.

2 Sahne, Crème fraîche, Saucenpulver, Rahmsauce, Pfeffer, Salz und Sojasauce verrühren und über die Schnitzel geben. Schinkenwürfel über die Schnitzel verteilen. Die Auflaufform auf dem Rost in den Backofen schieben.

Ober-/Unterhitze:
etwa 200 °C (vorgeheizt)
Heißluft: etwa 180 °C
(nicht vorgeheizt)
Gas: Stufe 3–4 (nicht vorgeheizt)
Garzeit: etwa 60 Min.

3 Etwa 10 Minuten vor Ende der Garzeit Ananas auf die Schnitzel legen, Käse darüber geben und mit Cocktailkirschen belegen, oder erst mit Käse und dann mit Ananas und der Cocktailkirsche belegen.

Hähnchenfilet Tomato al gusto

Zubereitungszeit: 80 Min.

Pro Portion:
E: 30 g, F: 7 g, Kh: 1 g,
kJ: 809, kcal: 193

- **12 Hähnchenschnitzel**
- **Paprika edelsüß**
- **12 Scheiben Kochschinken**
- **2 Pck. (je 400 g) Tomato al gusto**
- **100 g geriebener Gouda**

1 Hähnchenschnitzel unter fließendem kalten Wasser abspülen, trockentupfen. Schnitzel teilen und mit Paprika würzen.

2 Die Hähnchenschnitzel in Kochschinken wickeln und in eine feuerfeste Form legen.

3 Tomato al gusto über das Fleisch gießen, mit Käse bestreuen und die Form auf dem Rost in den Backofen schieben.

Ober-/Unterhitze:
etwa 200 °C (vorgeheizt)
Heißluft: etwa 180 °C
(nicht vorgeheizt)
Gas: Stufe 3–4 (nicht vorgeheizt)
Backzeit: 45–60 Min.

Gyrospfanne mit Knoblauch-Dill-Quark

Zubereitungszeit: 60 Min.

Pro Portion:
E: 31 g, F: 29 g, Kh: 5 g,
kJ: 1830, kcal: 437

Für den Knoblauch-Dill-Quark:
- 1 Gurke
- 4 Knoblauchzehen
- 500 g Magerquark
- 250 g Joghurt
- 250 g Schmand
- 1 Bund Dill
- Salz
- frisch gemahlener Pfeffer

Für die Gyrospfanne:
- 2 kleine Gemüsezwiebeln
- Salz
- 1 EL Weißweinessig
- gerebelter Oregano
- 6 EL Olivenöl
- 1½ kg gewürztes Gyros (beim Metzger bestellen)

Beilage:
Fladenbrot oder Pommes frites.

1 Für den Knoblauch-Dill-Quark Gurke schälen, fein raspeln, auf ein Sieb geben und abtropfen lassen.

2 Knoblauch abziehen, fein hacken, mit Quark, Joghurt und Schmand verrühren. Gurkenraspel gut ausdrücken und unter den Quark heben.

3 Dill abspülen, trockentupfen, klein schneiden und in den Quark geben. Mit Salz und Pfeffer abschmecken.

4 Für die Gyrospfanne Zwiebeln abziehen, in feine Scheiben schneiden oder hobeln, mit Salz, Essig und Oregano würzen und durchziehen lassen.

5 Öl erhitzen. Gyros darin portionsweise anbraten und bei starker Hitze knusprig braun braten.

6 Gyros mit Zwiebeln und Knoblauch-Dill-Quark anrichten.

Tipp:
Das Gyros kann auch mit Schweineschulter, Hähnchen- oder Putenfleisch selbst zubereitet werden. Einfach zum Würzen ist fertiges Gyros-Salz.

Leberkäserouladen auf Sauerkraut

Zubereitungszeit: 60 Min.

Pro Portion:
E: 38 g, F: 62 g, Kh: 6 g,
kJ: 3283, kcal: 784

- 3 Zwiebeln
- 4 EL Speiseöl
- 3 Dosen Sauerkraut (je 750 g Abtropfgewicht)
- 250 ml (¼ l) Fleischbrühe
- 8–10 Wacholderbeeren
- 2 Lorbeerblätter
- Salz
- frisch gemahlener Pfeffer
- etwas Zucker
- 24 dünne (etwa ½ cm dicke) Leberkäsescheiben (je etwa 100 g)
- etwa 100 g mittelscharfer Senf
- 12 Gewürzgurken
- 200 g geriebener, mittelalter Gouda

1 Zwiebeln abziehen, würfeln und in Öl andünsten.

2 Sauerkraut etwas auseinanderzupfen, zu den Zwiebeln geben und mit andünsten.

3 Brühe hinzugießen, Wacholderbeeren, Lorbeerblätter, Salz, Pfeffer und Zucker hinzufügen und zugedeckt etwa 25 Minuten garen. Das Sauerkraut evtl. nochmals abschmecken und in eine gefettete, große Auflaufform oder Fettfangschale geben.

4 Leberkäsescheiben mit Senf (etwa 1 Teelöffel pro Scheibe) bestreichen. Die Gewürzgurken halbieren und je eine Hälfte quer auf die Leberkäsescheibe legen.

5 Die Leberkäsescheiben zusammenrollen, mit einem Holzspießchen zusammenstecken. Die Leberkäserouladen mit dem Spieß nach unten auf das Sauerkraut legen, mit Käse bestreuen. Die Auflaufform auf dem Rost in den Backofen schieben oder die Fettfangschale in den Backofen schieben.

Ober-/Unterhitze:
etwa 200 °C (vorgeheizt)
Heißluft: etwa 180 °C (vorgeheizt)
Gas: Stufe 3–4 (vorgeheizt)
Backzeit: 15–20 Min.

Tipp:
Statt mittelscharfem Senf kann auch süßer Senf genommen werden. Falls mehrere Fleischgerichte serviert werden, reicht auch eine Leberkäse-Roulade pro Person.

Burgunderbraten

Zubereitungszeit: 2½ Std., ohne Beizzeit

Pro Portion:
E: 37 g, F: 32 g, Kh: 4 g,
kJ: 2234, kcal: 533

- 20 rohe Perlzwiebeln
- 100 g Knollensellerie
- 100 g Möhren
- 100 g Porree (Lauch)
- 1,8 kg Rinderbraten (aus der Hüfte)
- 1 TL Pfefferkörner
- 1 Lorbeerblatt
- 1 TL Rosmarin
- Salz
- frisch gemahlener Pfeffer
- 500 ml (½ l) Burgunderwein
- 5 EL Speiseöl
- 500 ml (½ l) Rinderfond oder -brühe
- 1 EL Tomatenmark
- 60 g kalte Butter

1 Perlzwiebeln abziehen, Sellerie und Möhren putzen, schälen, waschen und in Würfel schneiden. Die Würfel sollten etwa die Größe der Perlzwiebeln haben, damit sie zur gleichen Zeit gar werden. Porree putzen, waschen und in etwa 3 cm lange Stücke schneiden.

2 Rinderbraten unter fließendem kalten Wasser abspülen, trockentupfen, evtl. von Fett und Sehnen befreien, ihn in eine große Schüssel legen. Das Gemüse und die Gewürze darüber streuen und mit Burgunder übergießen. Mit Klarsichtfolie abdecken. Das Fleisch etwa 20 Stunden im Kühlschrank beizen lassen.

3 Am nächsten Tag das Fleisch aus der Rotweinbeize nehmen, abtropfen lassen, trockentupfen und in heißem Öl im Bräter von allen Seiten kräftig anbraten. ¼ Liter Rinderfond oder -brühe angießen. Bräter auf dem Rost in den Backofen schieben.

Ober-/Unterhitze:
etwa 200 °C (vorgeheizt)
Heißluft: etwa 180 °C
(nicht vorgeheizt)
Gas: Stufe 3–4 (nicht vorgeheizt)
Schmorzeit: 1½ Std.

4 Das Gemüse auf ein Sieb geben, Rotweinbeize dabei in einer Schüssel auffangen. Nach und nach die verdampfte Flüssigkeit durch Rotweinbeize und restlichen Fond ergänzen, zum Fleisch gießen und weiterschmoren lassen.

5 30 Minuten vor Beendigung der Garzeit Gemüse und Tomatenmark zum Fleisch geben und den restlichen Fond und Rotweinbeize dazugießen.

6 Zur Garprobe eine Fleischgabel in den Braten stechen und etwas anheben. Rutscht das Fleisch langsam von der Gabel, so ist der Schmorprozess abgeschlossen. Fleisch dann herausnehmen, warm stellen.

7 Butter unterrühren und die Sauce nochmals abschmecken. Fleisch in Scheiben schneiden, mit der Sauce und dem Gemüse anrichten.

- **Beilage:**
Kroketten.

Krustenschinkenbraten

Foto
12–16 Portionen

Zubereitungszeit: 4½ Std.

Pro Portion:
E: 42 g, F: 24 g, Kh: 0 g,
kJ: 1815, kcal: 432

- **3 kg Schweineschinken, mit Schwarte**
- **Salz, Pfeffer**
- **1 TL gerebelter Majoran**
- **1 TL Kümmel**
- **40 g Butter**
- **250 ml (¼ l) Fleischbrühe**
- **250 ml (¼ l) Rotwein**

1 Fleisch kalt abspülen, trockentupfen. Schwarte des Fleischstückes karreeartig einschneiden.

2 Das Fleisch mit Salz und Pfeffer würzen, mit Majoran und Kümmel bestreuen, mit Butterflöckchen belegen, mit der Schwarte nach oben in einen Universalbräter legen und in den Backofen schieben.

Ober-/Unterhitze:
etwa 180 °C (vorgeheizt)
Heißluft: etwa 160 °C
(nicht vorgeheizt)

Gas: Stufe 2–3 (nicht vorgeheizt)
Bratzeit: 3½ Std.

3 Etwa 30 Minuten vor Beendigung der Bratzeit den Backofen auf 200 °C (Heißluft etwa 180 °C, Gas Stufe 3–4) stellen und immer wieder die Kruste des Fleisches mit Salzwasser bestreichen, damit sie schön kross wird.

4 Den Krustenbraten aus dem Universalbräter nehmen. Den Bratenfond mit Brühe und Wein ablöschen und etwas einkochen lassen und abschmecken.

Schnitzeltopf, mit Käse

Zubereitungszeit: 100 Min.,
ohne Durchziehzeit

Pro Portion:
E: 43 g, F: 54 g, Kh: 4 g,
kJ: 2985, kcal: 712

- **2 kg Schnitzelfleisch**
- **8 EL Speiseöl**
- **Salz, Pfeffer**
- **2 große Zwiebeln**
- **2 Gläser Champignons**
- **400 ml Schlagsahne**
- **400 g Crème fraîche**
- **350 g Hartkäse**

1 Fleisch kalt abspülen, trockentupfen, in Streifen schneiden und in erhitztem Öl anbraten. Salzen, pfeffern, in einen Bräter geben.

2 Zwiebeln abziehen und in Ringe schneiden. Champignons auf einem Sieb abtropfen lassen, das Pilzwasser dabei auffangen. Champignons und Zwiebelringe in dem verbliebenen Fett anbraten, mit dem Pilzwasser ablöschen und dann auf das Fleisch geben.

3 Die Sahne mit Crème fraîche, Salz und Pfeffer mischen und darüber gießen.

4 Den Käse in dünne Scheiben schneiden und auf den Schnitzeltopf legen. Den Schnitzeltopf etwa 12 Stunden zugedeckt und kühl gestellt durchziehen lassen.

5 Den Schnitzeltopf offen auf dem Rost in den Backofen schieben.

Ober-/Unterhitze:
etwa 200 °C (vorgeheizt)
Heißluft: etwa 180 °C
(nicht vorgeheizt)
Gas: Stufe 3–4 (nicht vorgeheizt)
Backzeit: 60–90 Min.

Trapper Zwiebelsteakpfanne

***Zubereitungszeit: 2 Std.,
ohne Ruhezeit***

***Pro Portion:
E: 56 g, F: 37 g, Kh: 68 g,
kJ: 3717, kcal: 888***

- **2 Pck. Zwiebelsauce (ergibt 600 ml)**
- **4 Gemüsezwiebeln**
- **4 Knoblauchzehen**
- **1 Flasche (500 ml) Texicana Salsa**
- **2 Dosen (je 420 g) Baked beans (Gebackene Bohnen in Tomatensauce)**
- **1 Dose (420 g) Kidney-bohnen**
- **1 EL Paprika edelsüß**
- **1 EL grüne Pfefferkörner**
- **Chilipulver**
- **Salz**
- **12 Nackensteaks**
- **12 mittelgroße Kartoffeln**

Für den Quark-Dip:
- **500 g Magerquark**
- **500 g Joghurt oder Schmand**
- **2 Bund gemischte, fein gehackte Kräuter, z. B. Dill, Petersilie, Schnittlauch, Sauerampfer**
- **frisch gemahlener Pfeffer**

- **2 Bund Petersilie**

1 Die Zwiebelsauce nach Packungsanleitung zubereiten, jedoch nur 3 Minuten kochen lassen.

2 Zwiebeln abziehen, in feine Scheiben schneiden oder hobeln. Knoblauch abziehen und fein hacken.

3 Zwiebelsauce mit Zwiebeln, Knoblauch, Salsa und Bohnen mischen. Mit Paprika, grünem Pfeffer, Chili und Salz würzen. Die Nackensteaks unter fließendem kalten Wasser abspülen, trockentupfen. Steaks in einen großen Bräter oder eine Fettfangschale legen, mit der Sauce bedecken und über Nacht zugedeckt und kühl gestellt durchziehen lassen.

4 Bräter oder Fettfangschale auf dem Rost in den Backofen (2. Schiene von unten) schieben.

**Ober-/Unterhitze:
etwa 180 °C (vorgeheizt)
Heißluft: etwa 160 °C
(nicht vorgeheizt)
Gas: Stufe 2–3 (nicht vorgeheizt)
Backzeit: etwa 90 Min.**

5 Kartoffeln gründlich waschen und abbürsten, in Alufolie wickeln. Nach 30 Minuten Garzeit der Steaks, die Kartoffeln auf einem zweiten Rost im oberen Drittel vom Backofen etwa 60 Minuten mitgaren.

6 Für den Dip Quark mit Joghurt oder Schmand und Kräutern mischen, mit Salz und Pfeffer würzen.

7 Die gegarten Kartoffeln der Länge nach aufschneiden, etwas auseinanderdrücken, mit Quark gefüllt zu den Steaks servieren.

8 Petersilie abspülen, trockentupfen. Die Steaks vor dem Servieren mit gehackter Petersilie bestreuen.

- **Tipp:**

Statt Nackensteaks kann auch magerer Schweinebauch in Scheiben verwendet werden. Nach Belieben können statt der im Backofen gegarten Kartoffeln auch Pellkartoffeln gereicht werden.

138 Fleischspezialitäten

DAUERT LÄNGER

Aus der Salatschüssel

Diese Salate sind der beste Beweis, dass Vitamine auch schmecken können. Sie sind richtige Sattmacher, die mehr als nur eine Beilage sind.

Caprisalat

Zubereitungszeit: 20 Min., ohne Durchziehzeit

Pro Portion:
E: 13 g, F: 25 g, Kh: 5 g, kJ: 1295, kcal: 310

- 1,2 kg Tomaten
- 500 g Mozzarella
- Basilikum (möglichst frisch)
- Oregano (möglichst frisch)
- Salz
- 8 EL Olivenöl

1 Tomaten waschen, abtrocknen, halbieren und die Stängelansätze herausschneiden. Tomaten und Mozzarella in Würfel oder Scheiben schneiden. Beides in eine Schüssel geben.

2 Basilikum und Oregano abspülen, trockentupfen, Blätter von den Stängeln zupfen, dazugeben.

3 Die Zutaten vorsichtig mischen und salzen. Olivenöl darüber träufeln.

4 Den Salat etwa 1 Stunde im Kühlschrank durchziehen lassen.

- **Beilage:**
Frisches Weißbrot.

Bohnensalat, bunt

Foto
Zubereitungszeit: 30 Min.

Pro Portion:
E: 51 g, F: 20 g, Kh: 115 g,
kJ: 3523, kcal: 837

- **2 Dosen (je 400 g) Kidneybohnen**
- **2 Dosen (je 400 g) schwarze Bohnen**
- **2 Dosen (je 400 g) weiße Bohnen**
- **2 Dosen (je 400 g) grüne Bohnen**
- **200 g Cocktailtomaten**
- **4 Frühlingszwiebeln**
- **2 Knoblauchzehen**

Für die Sauce:
- **200 ml Olivenöl**
- **2 EL Weinessig**
- **Salz**
- **frisch gemahlener Pfeffer**

1 Alle Bohnen auf ein Sieb geben, mit kaltem Wasser abspülen, gut abtropfen lassen.

2 Cocktailtomaten waschen, trockentupfen und halbieren.

3 Frühlingszwiebeln putzen, waschen und in feine Streifen schneiden.

4 Knoblauchzehen abziehen, durch die Knoblauchpresse drücken, mit Bohnen, Cocktailtomaten und Frühlingszwiebeln vermischen.

5 Für die Sauce Olivenöl mit Weinessig, Salz und Pfeffer verrühren und über den Salat geben.

- **Tipp:**
Als Vorspeise oder Beilage zu Fleischgerichten gut geeignet.

Teufelssalat

Zubereitungszeit: 20 Min., ohne Durchziehzeit

Pro Portion:
E: 15 g, F: 8 g, Kh: 21 g,
kJ: 958, kcal: 229

- **750 g gekochtes, mageres Rindfleisch**
- **1 Glas (320 g) Tomatenpaprika**
- **1 Glas (290 g) süß-saure Gurken**
- **2 Gläser (je 170 g) Champignons**
- **2 Gläser (je 190 g) Perlzwiebeln**

Für die Marinade:
- **1 Flasche (800 ml) Tomaten-Ketchup**
- **frisch gemahlener Pfeffer**
- **Tabasco**
- **einige Sträußchen Petersilie**

1 Rindfleisch in kleine Stücke schneiden. Das Gemüse abtropfen lassen und Gurken in Stücke schneiden, Champignons vierteln.

2 Die Zutaten für die Marinade verrühren, mit den Salatzutaten vermischen und abschmecken.

3 Den Salat gut gekühlt durchziehen lassen, evtl. vor dem Servieren nochmals abschmecken und mit Petersilie garnieren.

- **Tipp:**
Nach Belieben etwas Öl in die Marinade geben.

142 Aus der Salatschüssel

GUT VORZUBEREITEN

Waldorfsalat

Foto, hinten

Zubereitungszeit: 40 Min., ohne Durchziehzeit

Pro Portion:
E: 5 g, F: 16 g, Kh: 23 g, kJ: 1129, kcal: 269

- 1 kg Äpfel, z. B. Boskop
- 1 kg Knollensellerie
- 10 Scheiben Ananas
- 250 g Walnusskerne

- Saft von 2 Zitronen
- 1 Prise Salz
- 2 EL Zucker
- frisch gemahlener Pfeffer
- 4 EL Mayonnaise
- 150 g saure Sahne

1 Äpfel schälen, vierteln, entkernen und in Scheiben oder Stifte schneiden.

2 Sellerie putzen, schälen, waschen und fein hobeln. Ananas würfeln, Walnüsse grob hacken. Einige zum Garnieren zurücklassen.

3 Zitronensaft, Salz, Zucker und Pfeffer verrühren. Mayonnaise und saure Sahne unterziehen und mit den Zutaten vermengen.

4 Den Salat mindestens 4 Stunden durchziehen lassen. Mit den restlichen Walnüssen bestreuen.

Porreesalat

Foto, vorn

Zubereitungszeit: 30 Min., ohne Durchziehzeit

Pro Portion:
E: 3 g, F: 13 g, Kh: 19 g, kJ: 910, kcal: 217

- 4 Stangen Porree (Lauch)
- 2 Gläser (je 260 g Abtropfgewicht) geraspelter Sellerie
- 2 Dosen (je 260 g Abtropfgewicht) Ananasstücke

- 2 Dosen (je 175 g Abtropfgewicht) Mandarinen
- 4 säuerliche Äpfel, z. B. Boskop
- 250 g Miracle Wip
- 200 ml Schlagsahne

1 Porree putzen, waschen und in feine Ringe schneiden.

2 Sellerie, Ananas und Mandarinen abtropfen lassen.

3 Äpfel schälen, das Kerngehäuse entfernen, Äpfel klein schneiden.

4 Miracle Wip mit Sahne verrühren, mit den übrigen Zutaten vorsichtig vermischen und gut durchziehen lassen.

Carmensalat

Foto
Zubereitungszeit: 50 Min.

Pro Portion:
E: 16 g, F: 38 g, Kh: 11 g,
kJ: 1984, kcal: 474

- **1 kg Hähnchenfleisch-würfel**
- **400 g rote Paprikawürfel**
- **8 EL Speiseöl zum Braten**
- **250 g gekochter Reis**
- **250 g gekochte Erbsen**

Für die Marinade:
- **8 cl Estragonessig**
- **100 ml Walnussöl**
- **2 EL Senf**
- **1 TL gehackter Estragon**
- **Salz**
- **frisch gemahlener Pfeffer**

1 Hähnchen- und Paprikawürfel in erhitztem Öl andünsten, 8–10 Minuten garen, abkühlen lassen.

2 Reis und Erbsen untermischen.

3 Die Zutaten für die Marinade miteinander verrühren, über den Salat geben und mindestens 15 Minuten durchziehen lassen.

■ Tipp:
Dazu Toast oder Baguette und Butter reichen.

Sauerkraut-Salat

Zubereitungszeit: 40 Min.

Pro Portion:
E: 4 g, F: 8 g, Kh: 10 g,
kJ: 595, kcal: 142

- **3 Äpfel, z. B. Boskop**
- **3 Zwiebeln**
- **8 Scheiben Ananas (aus der Dose)**
- **1½ kg Sauerkraut**
- **4 EL Mayonnaise**
- **125 ml (⅛ l) Schlagsahne**
- **3 EL geriebener Meerrettich**
- **1 TL Zucker**

- **3 EL Zitronensaft**
- **Salz**
- **frisch gemahlener Pfeffer**
- **80 g Sonnenblumenkerne**

1 Äpfel waschen, vierteln, das Kerngehäuse entfernen, die Äpfel in feine Würfel schneiden. Zwiebeln abziehen und würfeln.

2 Ananas abtropfen lassen und in kleine Stücke schneiden. Sauerkraut lockerzupfen und etwas zerkleinern.

3 Mayonnaise, Sahne, Meerrettich, Zucker, Zitronensaft, Salz und Pfeffer verrühren und mit den Zutaten vermengen, etwas durchziehen lassen.

4 Sonnenblumenkerne ohne Fett in einer Pfanne anrösten und über den Salat streuen.

■ Tipp:
Verwenden Sie rotschalige Äpfel, das sieht optisch schöner aus.

Schichtsalat

Zubereitungszeit: 1 Std., ohne Ziehen lassen

Pro Portion:
E: 19 g, F: 37 g, Kh: 29 g,
kJ: 2292, kcal: 547

- **8 Eier**
- **2 Gläser (je 370 g) Selleriestreifen oder -scheiben**
- **1 Dose (540 g) Mais**
- **2 Dosen (je 480 g) Ananas**
- **4 säuerliche Äpfel**
- **3 Stangen Porree (Lauch)**
- **400 g gekochter Schinken**

Für die Sauce:
- **500 g Miracel Whip oder Salatmayonnaise**
- **500 ml (1/2 l) Schlagsahne**

1 Eier in Wasser 10 Minuten kochen, abgießen, etwas abkühlen lassen, pellen und in Achtel oder Scheiben schneiden.

2 Sellerie, Mais und Ananas auf ein Sieb geben. Ananas in Streifen schneiden.

3 Äpfel schälen, vierteln, entkernen, in kleine Stücke schneiden. Porree putzen, waschen, in feine Ringe schneiden und kurz blanchieren. Schinken in Würfel oder Streifen schneiden.

4 Für die Sauce Miracel Whip oder Mayonnaise und Sahne verrühren.

5 Die Zutaten abwechselnd mit der verrührten Mayonnaise in eine große Schüssel schichten und 12 Stunden gekühlt durchziehen lassen.

■ Abwandlung:

24-Stunden-Salat

Der Reihe nach in eine große Schüssel schichten: 1 Eisbergsalat, in Streifen, 2 grüne Paprika, in Würfeln, 300 g gegarte Erbsen, 1 große Gemüsezwiebel, in Streifen, 4 gekochte Eier, in Scheiben, 1 kleine Dose Kidneybohnen und 1 kleine Dose Mais. Über den geschichteten Salat eine Sauce aus 150 g Joghurt, 150 g Crème fraîche und 250 g Miracel Whip geben. Den Salat mit geraffeltem Gouda bedecken und 24 Stunden ziehen lassen.

■ Tipp:

Bevor Sie mit dem Schichten beginnen, den Boden der Schüssel mit Kresse ausstreuen.
Beim Schichtsalat gibt es inzwischen viele Varianten; zum Schichten eignen sich auch Eisbergsalat, Tomaten, Fenchel, Gurken, Möhren, Erbsen, Paprika.

Brotsalat "Italienisch"

Foto
Zubereitungszeit: 60 Min.

Pro Portion:
E: 10 g, F: 27 g, Kh: 16 g,
kJ: 1527, kcal: 365

- **12 dicke Scheiben Weißbrot**
- **10 EL Olivenöl**
- **6 Knoblauchzehen**
- **150 g Mandelstifte**
- **je 1 rote und grüne Paprikaschote**
- **4 Fleischtomaten**
- **300 g roher Schinken**
- **20 schwarze Oliven**
- **5 EL Weinessig**
- **Salz**
- **frisch gemahlener Pfeffer**

1 Vom Weißbrot die Rinde abschneiden. Weißbrot in Würfel schneiden, in erhitztem Öl leicht rösten. Knoblauch abziehen, durch die Presse zu dem Brot geben.

2 Mandelstifte in einer Pfanne ohne Fett leicht rösten. Paprikaschoten vierteln, entstielen, entkernen, die weißen Scheidewände entfernen, Paprika waschen, in Würfel schneiden.

3 Tomaten waschen, Stängelansätze entfernen, Tomaten in Würfel schneiden. Schinken in Streifen schneiden.

4 Die Zutaten mit den Oliven mischen. Essig mit Salz und Pfeffer verrühren, nach Belieben noch etwas Öl hinzufügen und die Zutaten mischen. Den Salat etwas durchziehen lassen.

- **Tipp:**

Den Salat nach Belieben mit Zwiebelringen bestreuen.

Brotsalat "Toskana"

Zubereitungszeit: 60 Min.

Pro Portion:
E: 3 g, F: 12 g, Kh: 19 g,
kJ: 850, kcal: 203

- **15 Scheiben altbackenes Weißbrot oder 1 langes Baguette**
- **10 Knoblauchzehen**
- **5 Zwiebeln**
- **8 Tomaten**
- **2 Salatgurken**
- **2 Bund glatte Petersilie**
- **1 Topf Basilikum**
- **8 EL Weinessig**
- **125 ml (1/8 l) Olivenöl**
- **Salz, Pfeffer**

1 Die Brotscheiben in einer Schüssel mit Wasser beträufeln und einweichen.

2 Knoblauch und Zwiebeln abziehen. Knoblauch würfeln, Zwiebeln in dünne Scheiben schneiden. Tomaten waschen, Stängelansätze entfernen, Tomaten in kleine Stücke schneiden.

3 Gurken schälen, längs halbieren, mit Hilfe eines Teelöffels entkernen. Das Gurkenfleisch in Streifen schneiden.

4 Petersilie und Basilikum abspülen, trockentupfen, die Blättchen von den Stängeln zupfen und klein schneiden.

5 Aus Essig, Öl, Salz und Pfeffer eine Marinade zubereiten.

6 Das Weißbrot gut ausdrücken und mit der Marinade gut mischen. Die anderen Zutaten zufügen, mischen und etwa 15 Minuten durchziehen lassen.

Bunter Nudelsalat

Foto
Zubereitungszeit: 65 Min.

Pro Portion:
E: 21 g, F: 23 g, Kh: 40 g,
kJ: 2009, kcal: 480

- 500 g Schleifennudeln
- Salz
- 2 EL Speiseöl
- 2 rote Paprikaschoten
- 600 g tief gekühlte Erbsen
- 375 ml (³/₈ l) Gemüse-brühe
- 500 g Maasdamer
- 400 g Senfgurken (aus dem Glas)

Für die Sauce:
- 250 g Salatmayonnaise
- 300 g Joghurt
- etwas Gurkenflüssigkeit
- 80 g Kapern
- 2 EL Essig
- frisch gemahlener Pfeffer

1 Nudeln in kochendem Salzwasser mit Öl nach Packungsanleitung kochen, auf ein Sieb geben, mit kaltem Wasser abschrecken.

2 Paprikaschoten halbieren, entstielen, entkernen, die weißen Scheidewände entfernen, Paprika waschen und fein würfeln. Paprikawürfel mit den Erbsen etwa 5 Minuten in der Brühe garen, auf ein Sieb geben.

3 Käse und abgetropfte Gurken würfeln. Alle Zutaten mit den Nudeln mischen.

4 Aus Salatmayonnaise, Joghurt, Gurkenflüssigkeit, Kapern, Essig, Pfeffer und Salz eine Sauce rühren, mit dem Salat vermischen und etwas durchziehen lassen.

Matjessalat

Zubereitungszeit: 2 Std.,
ohne Durchziehzeit

Pro Portion:
E: 14 g, F: 16 g, Kh: 19 g,
kJ: 1254, kcal: 300

- 750 g Kartoffeln
- 750 g Rote Bete
- 500 g Äpfel
- 500 g Gewürzgurken
- 750 g Matjesfilets
- 4 Zwiebeln
- Salz
- 1 EL Senf
- 2 TL Zucker

- 6 EL Apfelessig
- 125 ml (¹/₈ l) Schlagsahne
- Eischeiben von 6 Eiern
- Petersilie

1 Kartoffeln waschen, 20–25 Minuten kochen, abgießen, abdämpfen und pellen, etwas abkühlen lassen. Rote Bete gründlich waschen, mit Schale etwa 1 Stunde kochen, pellen. Äpfel schälen, Kerngehäuse entfernen.

2 Kartoffeln, Rote Bete, Äpfel, Gewürzgurken und Matjesfilets würfeln, bei den Matjesfilets die Gräten entfernen.

3 Zwiebeln abziehen, würfeln, mit Salz, Senf, Zucker und Essig verrühren.

4 Sahne unterrühren, vorsichtig mit den Zutaten vermengen. Am besten über Nacht durchziehen lassen.

5 Mit Eischeiben und Petersilie garnieren.

Tortellini-Salat

Zubereitungszeit: 50 Min., ohne Durchziehzeit

Pro Portion:
E: 14 g, F: 21 g, Kh: 29 g, kJ: 1558, kcal: 372

- 500 g getrocknete Tortellini mit Käsefüllung
- 1 EL Speiseöl
- 600 g Tomaten
- 400 g gekochter Schinken

Für die Salatsauce:
- 1 kleines Glas (250 g) Miracel Whip
- 150 g saure Sahne
- 2 EL Balsamico-Essig
- 4 EL Olivenöl
- 2 abgezogene, zerdrückte Knoblauchzehen
- Salz
- frisch gemahlener Pfeffer
- 2 EL in Streifen geschnittene Basilikumblätter
- 1 Bund Schnittlauch in Röllchen geschnitten
- gerebelter Thymian

1 Tortellini nach Packungsanleitung in reichlich Salzwasser mit Öl garen. Dann auf ein Sieb geben und kurz mit kaltem Wasser abschrecken, abtropfen und erkalten lassen.

2 Tomaten kurze Zeit in kochendes Wasser legen (nicht kochen lassen), mit kaltem Wasser abschrecken, enthäuten, Stängelansätze herausschneiden und die Tomaten in Würfel schneiden. Schinken in Würfel schneiden.

3 Für die Salatsauce Miracel Whip mit saurer Sahne, Essig, Öl, Knoblauch, Salz, Pfeffer, Basilikum, Schnittlauch und Thymian verrühren.

4 Tortellini, Schinken- und Tomatenwürfel mit der Sauce vorsichtig mischen und etwa 30 Minuten durchziehen lassen. Evtl. nochmals abschmecken.

- **Tipp:**

Der Tortellini-Salat kann als vegetarische Variante auch ohne Schinken zubereitet werden. Den Schinken dann durch 400 g frische, in Scheiben geschnittene Champignons ersetzen. Gut schmeckt es auch halb mit Schinken und halb mit Champignons kombiniert.

Mozzarella-Nudel-Salat

Zubereitungszeit: 40 Min., ohne Durchziehzeit

Pro Portion:
E: 9 g, F: 21 g, Kh: 17 g,
kJ: 1272, kcal: 304

- **250 g dreifarbige Farfalle-Nudeln (Schmetterlingsnudeln)**
- **Salzwasser**
- **1 EL Olivenöl**
- **250 g Mozzarella**
- **250 g Cocktailtomaten**
- **200 g (möglichst kleine) Champignons**
- **2 Bund Rauke**
- **60 g Pinienkerne**

Für die Salatsauce:
- **5 EL Weißweinessig**
- **2 EL Basilikumessig (oder Kräuteressig)**
- **1 TL Salz**
- **2 TL Zucker**
- **knapp 1 gestr. TL geschroteter Pfeffer**
- **150 ml Olivenöl**
- **5 EL Wasser**
- **1 Pck. (25 g) TK-Basilikum (oder 1 Topf frisches Basilikum)**

1 Nudeln in Salzwasser und Öl nach Packungsanleitung garen, dann auf ein Sieb geben und kurz mit kaltem Wasser übergießen und gut abtropfen lassen.

2 Mozzarella abtropfen lassen und in Würfel schneiden. Cocktailtomaten waschen, nach Belieben halbieren.

3 Champignons putzen, mit Küchenpapier abreiben, evtl. abspülen. Kleine Champignons ganz lassen, größere halbieren oder vierteln. Rauke verlesen, putzen, waschen, trockentupfen und grob zerpflücken. Pinienkerne in einer Pfanne ohne Fett anrösten.

4 Für die Salatsauce die beiden Essigsorten mit Salz, Zucker und Pfeffer gut verrühren. Öl und Wasser nach und nach hinzugießen. Basilikum unterrühren (frisches abspülen, trockentupfen und in Streifen schneiden).

5 Die Salatsauce mit den Nudeln mischen und 1–2 Stunden durchziehen lassen.

6 Mozzarella, Cocktailtomaten, Champignons und Rauke unterheben. In einer Schüssel anrichten und mit Pinienkernen bestreuen.

- **Tipp:**

Mozzarella gibt es auch als kleine Kugeln zu kaufen. Wenn Sie diese verwenden spart es das in Würfelschneiden und sieht auch sehr hübsch aus.

Salattorte

Titelfoto

Zubereitungszeit: 50 Min., ohne Marinierzeit

Pro Portion:
E: 15 g, F: 26 g, Kh: 8 g,
kJ: 1448, kcal: 346

Für die Salattorte:
- **1 kleiner Eisbergsalat**
- **1 mittelgroße Salatgurke**
- **1 Gemüsezwiebel**
- **500 g Tomaten**
- **1 Stange Porree (Lauch)**
- **250 g gekochter Schinken**
- **5 hart gekochte Eier**
- **1 Bund Radieschen**
- **250 g grob geraspelter Gouda**

Für die Salatsauce:
- **350 g Salatmayonnaise**
- **200 ml Schlagsahne**
- **5–6 EL Milch**
- **1 TL Chinagewürz**
- **Salz, Pfeffer**
- **1 Prise Zucker**
- **2 EL gehackte Petersilie**
- **2 Bund Schnittlauchröllchen**

- **16 Cocktailtomaten**

1 Eisbergsalat putzen, halbieren, kurz waschen, in grobe Streifen schneiden und trockenschleudern.

2 Gurke waschen und in Scheiben schneiden. Gemüsezwiebel abziehen, halbieren und in Streifen schneiden. Tomaten waschen, halbieren, die Stängelansätze herausschneiden, die Tomaten in Scheiben schneiden. Porree putzen, waschen, trockentupfen und in feine Ringe schneiden.

3 Schinken in Würfel schneiden. Eier pellen und in Scheiben schneiden. Radieschen putzen, waschen und ebenfalls in Scheiben schneiden.

4 Die Zutaten in der Reihenfolge der Zutaten in eine Springform (Ø 28 cm) füllen, dabei jede Lage etwas andrücken, mit den Käseraspeln abschließen. Die Salattorte zugedeckt und kühl gestellt etwa 12–24 Stunden durchziehen lassen.

5 Die Zutaten für die Salatsauce kurz vor dem Servieren vermischen.

6 Die Salattorte mit den Cocktailtomaten mit kleinen Holzspießchen wie eine Torte garnieren. Den Springformrand vorsichtig lösen, die Torte mit einem Sägemesser oder besser noch mit einem elektrischen Messer in Stücke schneiden. Die Salatsauce separat zur Salattorte reichen.

- **Tipp:**
Einen Teil der Salatmayonnaise durch Naturjoghurt ersetzen.

Heringssalat

Foto

Zubereitungszeit: 40 Min., ohne Durchziehzeit

Pro Portion:
E: 9 g, F: 19 g, Kh: 8 g, kJ: 1084, kcal: 259

- **3 Gläser (je 250 g) Bismarckheringe**
- **10 Gewürzgurken**
- **2 mittelgroße Zwiebeln**
- **6 große Äpfel**
- **500 g Schmand**

1 Die Fischfilets auseinanderrollen und in etwa 3 cm große Stücke schneiden.

2 Gewürzgurken in dünne Scheiben schneiden. Zwiebeln abziehen und ebenfalls in dünne Ringe schneiden.

3 Äpfel schälen, vierteln, entkernen und in dünne Scheiben schneiden.

4 Die vorbereiteten Zutaten in eine Schüssel geben und vermischen, mit Schmand verrühren und zugedeckt einige Stunden (mindestens 3) in den Kühlschrank stellen.

5 Nach Belieben den Salat mit Dill garnieren.

■ Tipp:

Nach Belieben kann der Heringssalat noch mit je 1 Esslöffel Meerrettich, Senf, Weinessig und 1 Prise Zucker abgeschmeckt werden. Interessant schmeckt auch die Variante mit 6 Esslöffeln Preiselbeeren. Mit Pellkartoffeln servieren.

Warmer Auberginensalat

Zubereitungszeit: 45 Min.

Pro Portion:
E: 6 g, F: 14 g, Kh: 18 g, kJ: 979, kcal: 234

- **250 g Parboiled Reis**
- **500 ml (½ l) Salzwasser**
- **2 mittelgroße Auberginen**
- **Salz**
- **125 ml (⅛ l) Speiseöl**
- **250 g Rinderhackfleisch**
- **15 schwarze Oliven**
- **2 EL Zitronensaft**
- **schwarzer Pfeffer**

1 Reis in Salzwasser zum Kochen bringen, in 15–20 Minuten ausquellen lassen.

2 Auberginen putzen, waschen, in je 4 Längsscheiben schneiden, diese mit Salz bestreuen und etwa 15 Minuten ziehen lassen. Die Auberginenscheiben mit Küchenpapier sorgfältig trockentupfen und die Auberginenscheiben in Würfel schneiden.

3 Öl erhitzen, die Auberginenwürfel unter ständigem Rührer kräftig braun braten lassen, bis die Auberginen gar sind, herausnehmen. Das restliche Fett wieder erhitzen, das Rinderhackfleisch darin gar schmoren, mit Auberginenwürfeln, Reis und Oliven vermischen.

4 Den Salat mit Zitronensaft und Pfeffer würzen und lauwarm servieren, nach Belieben mit Petersilie bestreuen.

Kartoffelsalat mit Käse

Foto
Zubereitungszeit: 3 Std.

Pro Portion:
E: 18 g, F: 20 g, Kh: 44 g,
kJ: 1863, kcal: 444

- **3 kg fest kochende Kartoffeln**
- **Salzwasser**
- **2 TL Kümmel**
- **2 Bund Frühlingszwiebeln**
- **500 ml (½ l) Gemüsebrühe**
- **2 Bund Radieschen**
- **300 g Käse, z. B. Holland-Gouda mit Kümmel oder Senfkörnern**

Für die Sauce:
- **300 g Salatmayonnaise**
- **300 g Joghurt**
- **frisch gemahlener Pfeffer**
- **2–3 EL Essig**
- **6 hart gekochte Eier**
- **3 EL Schnittlauchröllchen**

1 Kartoffeln waschen, in Salzwasser mit Kümmel etwa 25 Minuten kochen, abgießen, kurz abschrecken und pellen. Kartoffeln etwas abkühlen lassen und in Scheiben schneiden.

2 Frühlingszwiebeln putzen, waschen, in kleine Ringe schneiden. Brühe aufkochen und über die Kartoffeln und Frühlingszwiebeln gießen, etwa 30 Minuten ziehen lassen.

3 Radieschen putzen, waschen, achteln. Käse in ½ cm dicke Scheiben, dann in kurze Streifen schneiden. Zutaten unter die Kartoffeln mischen.

4 Für die Sauce Mayonnaise mit Joghurt, Pfeffer und Essig würzen, unter den Salat heben und etwa 1 Stunde ziehen lassen.

5 Eier pellen und in Stücke schneiden, auf den Salat geben. Salat vor dem Servieren mit Schnittlauchröllchen bestreuen.

Süss-saure Soleier

Zubereitungszeit: 15 Min.,
ohne Marinieren lassen

Pro Portion:
E: 9 g, F: 8 g, Kh: 6 g,
kJ: 552, kcal: 132

- **12 Eier (Größe M)**
- **kochendes Salzwasser**
- **600 ml Wasser**
- **3 EL Salz**
- **3 EL Senfkörner**
- **150 ml Obstessig**
- **3 EL Rohrzucker**
- **15 weiße Pfefferkörner**

1 Eier in kochendem Salzwasser 7 Minuten kochen, abschrecken.

2 Wasser mit Salz, Senfkörnern, Essig, Zucker und Pfefferkörnern zum Kochen bringen.

3 Die Schalen der Eier rundherum eindrücken und die Eier mindestens 24 Stunden in der Marinade ziehen lassen.

- **Tipp:**
Zum Verzehr werden die Eier gepellt und halbiert. Das Eigelb vorsichtig herausnehmen, in die Hälfte des Eiweißes gibt man etwas Senf, Worcestersauce oder Pfeffer, Essig und Öl oder Ketchup, Sojasauce oder Chutneys. Nun legt man das Eigelb umgekehrt wieder auf das Ei und verspeist das Ganze in einem Bissen.

Feldsalat mit Käse und Speck

Zubereitungszeit: 45 Min.

Pro Portion:
E: 7 g, F: 30 g, Kh: 5 g,
kJ: 1421, kcal: 340

- **600 g Feldsalat**
- **300 g eingelegte Perlzwiebeln**
- **300 g Cocktailtomaten**
- **500 g Holland-Doppelrahmkäse (60 % F.i.Tr.)**
- **200 g Frühstücksspeck, in Scheiben**

Für die Marinade:
- **4 TL Essig-Essenz (25 %)**
- **8 EL Weißwein**
- **Salz**
- **frisch gemahlener Pfeffer**
- **1 TL Zucker**
- **1 TL süßer Senf**
- **3 kleine Zwiebeln**
- **6 EL Sonnenblumenöl**

1 Feldsalat putzen, waschen und gut abtropfen lassen.

2 Perlzwiebeln auf einem Sieb abtropfen lassen. Tomaten waschen, trockentupfen, je nach Größe unzerteilt lassen, halbieren oder vierteln.

3 Käse in dünne Scheiben, dann in kleine Quadrate schneiden.

4 Frühstücksspeckscheiben in einer beschichteten Pfanne ohne Fettzugabe kross ausbraten, dann aufrollen und evtl. halbieren.

5 Alle Zutaten locker auf 12 Portionsteller verteilen.

6 Für die Marinade Essig-Essenz, Weißwein, Salz, Pfeffer, Zucker und Senf verrühren. Zwiebeln abziehen und fein würfeln, zusammen mit Öl in die Marinade rühren und diese dann auf dem Salat verteilen.

- **Beilage:**
Schwarzbrot mit Butter.

Reis-Gemüse-Salat

Foto

Zubereitungszeit: etwa 45 Min., ohne Abkühlzeit

Pro Portion:
E: 4 g, F: 7 g, Kh: 39 g, kJ: 936, kcal: 224

- 500 g Langkornreis
- 1 l Gemüsebrühe
- 1 Staude (etwa 800 g) Staudensellerie
- 6 Fleischtomaten
- 1 Bund Frühlingszwiebeln

Für die Salatsauce:
- 6–8 EL Zitronensaft
- Salz, Pfeffer
- Chilipulver
- einige klein gehackte Pfefferminzeblätter
- 2 Bund fein gehackter Dill
- 125 ml (⅛ l) Distelöl

1 Langkornreis in Gemüsebrühe aufkochen, zugedeckt bei kleinster Hitze etwa 20 Minuten garen. Falls die Flüssigkeit vor der Garzeit verkocht ist, evtl. etwas Wasser hinzufügen. Den Reis abkühlen lassen.

2 Sellerie putzen, die harten Außenfäden abziehen, Sellerie waschen und in feine Scheiben schneiden. Tomaten waschen, die Stängelansätze herausschneiden und die Tomaten in Würfel schneiden.

3 Frühlingszwiebeln putzen, waschen und fein schneiden. Das Gemüse mit dem Reis mischen.

4 Für die Salatsauce Zitronensaft, Salz, Pfeffer, Chili, Pfefferminze, Dill und Öl verrühren. Sauce unter den Salat heben, durchziehen lassen.

Bunter Gemüsesalat

Zubereitungszeit: 40 Min.

Pro Portion:
E: 12 g, F: 16 g, Kh: 9 g, kJ: 1017, kcal: 243

- 1 rote und 1 grüne Paprikaschote
- 1 Salatgurke, 8 Tomaten`
- 4 Zwiebeln
- 1 Dose Gemüsemais (Abtropfgewicht 340 g)
- 500 g Gouda am Stück
- 3 EL Miracel Wip
- 100 ml Schlagsahne
- 1 EL Tomatenketchup
- 1 Prise Zucker

- Salz, Pfeffer
- 1 Schuss Tabasco
- ½ Bund Schnittlauch

1 Paprika halbieren, entstielen, entkernen, die weißen Scheidewände entfernen, Schoten waschen und in Würfel schneiden.

2 Gurke gründlich waschen, die Enden abschneiden, Gurke halbieren, entkernen und in kleine Stücke schneiden.

3 Tomaten waschen, halbieren, Stängelansätze herausschneiden und die Tomatenhälften vierteln.

4 Zwiebeln abziehen und in dünne Ringe schneiden. Mais abtropfen lassen. Käse in Würfel schneiden.

5 Alle Salatzutaten vermischen. Miracel-Wip, Sahne, Ketchup, Zucker, Salz, Pfeffer und Tabasco zu einer Sauce verrühren und sie kurz vor dem Servieren über den Salat geben.

6 Schnittlauch abspülen, trockentupfen, in feine Röllchen schneiden und über den Salat streuen.

Hirtensalat

Zubereitungszeit: 45 Min.

Pro Portion:
E: 13 g, F: 19 g, Kh: 5 g,
kJ: 1040, kcal: 248

- 1 großer Kopf grüner Blattsalat
- 6 Tomaten
- je 2 rote und grüne Paprikaschoten
- 4 mittelgroße Zwiebeln
- 50 g grüne Oliven
- Saft von 1 Zitrone
- 4 EL Olivenöl
- 2 Dosen in Öl eingelegter Thunfisch (je 170 g Abtropfgewicht)
- 400 g Schafskäse
- 3–4 EL Zitronensaft
- 6 EL Olivenöl
- Salz
- frisch gemahlener Pfeffer
- 1 Bund glatte Petersilie
- 3–4 EL gehackte Haselnusskerne

1 Salat putzen, waschen und gut abtropfen lassen. Tomaten waschen, die Stängelansätze herauslösen und die Tomaten achteln.

2 Paprikaschoten halbieren, entstielen, entkernen, die weißen Scheidewände entfernen, Schoten waschen, in dünne Streifen oder Würfel schneiden.

3 Zwiebeln abziehen und in feine Würfel schneiden. Oliven evtl. entkernen.

4 Eine große Schüssel oder Platte mit den Salatblättern auslegen, mit Zitronensaft und Olivenöl beträufeln. Tomaten, Paprika, Zwiebeln und Oliven darauf verteilen.

5 Thunfisch zerpflücken, Schafskäse klein schneiden und beide Zutaten über den Salat streuen.

6 Den Salat mit Zitronensaft und Olivenöl beträufeln, mit Salz und Pfeffer würzen.

7 Die verlesene, gewaschene und fein gehackte Petersilie mit Haselnüssen über den Salat streuen und den Salat sofort servieren.

- **Tipp:**
Alle Zutaten vorbereiten und zugedeckt kühl stellen. Kurz vor dem Servieren anrichten.

Beilagen, Saucen & Dips

Diese Beilagen treten aus dem sonstigen Schattendasein heraus und kommen groß raus. Für manche Gäste bedarf es nicht viel mehr als dieser Köstlichkeiten.

Brotmotive

Zubereitungszeit: 40 Min.

Pro Portion:
E: 7 g, F: 2 g, Kh: 31 g,
kJ: 714, kcal: 166

- **3 Dosen Baguette-Brötchen (knack & back, je 300 g)**
- **etwas Weizenmehl**
- **Mohn, Sesamsamen, Kürbiskerne, Sonnenblumenkerne**

1 Die Dosen nach Packungsanleitung öffnen, auf einer bemehlten Arbeitsfläche jede Rolle nochmals mit etwas Mehl zu einer Rolle formen.

2 Die Rolle jeweils in 7 Scheiben schneiden und mit der Schnittfläche auf ein mit Backpapier belegtes Backblech legen. Dabei können nach Belieben Motive gelegt werden, wie z. B. ein Baum, Kranz, Schachbrett (mit Mohn und Sesam im Wechsel bestreut) oder eine Traube.

3 Die Brötchen mit Wasser bestreichen und nach Belieben mit Mohn, Sesam, Kürbiskernen oder Sonnenblumenkernen bestreuen. Das Backblech in den Backofen schieben.

Ober-/Unterhitze:
etwa 180 °C (vorgeheizt)
Heißluft: etwa 160 °C (vorgeheizt)
Gas: Stufe 2–3 (vorgeheizt)
Backzeit: 15–20 Min.

- **Tipp:**
Die Brötchen schmecken lauwarm am besten.

SCHNELL · EINFACH

Gefüllte Baguettes

Foto
Zubereitungszeit: 35 Min.

Pro Portion:
E: 11 g, F: 17 g, Kh: 21 g,
kJ: 1246, kcal: 298

- 3 Baguettes (je 150 g, zum Aufbacken)
- 150 g weiche Butter
- 200 g Käse in Würfel geschnitten, z. B. mittelalter Gouda
- 200 g Schnippelschinken
- je 1 Bund glatte Petersilie und Schnittlauch
- 1 gestr. EL Paprikapulver edelsüß
- frisch gemahlener Pfeffer

1 Jedes Baguette 8mal schräg ein-, aber nicht ganz durchschneiden, so dass die Scheiben noch zusammenhalten.

2 Butter mit Käse und Schinken verrühren. Kräuter abspülen, trockentupfen, fein schneiden und unter die Masse geben. Mit Paprika und Pfeffer würzen.

3 Die Masse in die Broteinschnitte füllen, etwas zusammendrücken und auf ein mit Backpapier belegtes Backblech legen. Das Backblech in den Backofen schieben.

Ober-/Unterhitze:
etwa 200 °C (vorgeheizt)
Heißluft: etwa 180 °C (vorgeheizt)
Gas: Stufe 3–4 (vorgeheizt)
Backzeit: etwa 10 Min.

- **Tipp:**
Etwas schneller geht es, wenn die Baguettes quer halbiert und dann gefüllt werden.

Forellen-Frischkäse-Klösschen

Zubereitungszeit: 20 Min.

Pro Portion:
E: 4 g, F: 8 g, Kh: 1 g,
kJ: 417, kcal: 100

- 4 geräucherte Forellenfilets
- 200 g Doppelrahm-Frischkäse
- 1–2 EL Zitronensaft
- frisch gemahlener, schwarzer Pfeffer
- 1 TL rosa Pfefferkörner
- 1 Bund Dill

1 Forellenfilets mit 2 Gabeln in kleine Stücke zupfen und zusammen mit Frischkäse mit Handrührgerät mit Rührbesen verrühren. Mit Zitronensaft und Pfeffer würzen.

2 Die rosa Pfefferkörner grob zerdrücken und unter den Frischkäse rühren.

3 Dill abspülen, trockentupfen, fein hacken und zuletzt unter die Frischkäsemasse rühren.

4 Mit 2 angefeuchteten Teelöffeln kleine Klößchen abstechen.

- **Tipp:**
Die Forellen-Frischkäse-Klößchen als Beilage zum Salatteller anrichten.

Partybrot mit 4-Käse-Füllung

Zubereitungszeit: 2 Std.

Pro Portion:
E: 16 g, F: 18 g, Kh: 33 g,
kJ: 1572, kcal: 376

Für den Teig:
- **250 ml (¹/₄ l) Milch**
- **60 g Butter**
- **500 g Weizenmehl**
- **1 Würfel (42 g) Frischhefe**
- **1 EL Zucker**
- **1 TL Salz**

Für die Füllung:
- **150 g Allgäuer Emmentaler**
- **200 g Feta-Käse**
- **125 g Brie**
- **150 g Schichtkäse oder Magerquark**
- **1 Ei (Größe M)**

- **2 EL Sonnenblumenkerne**

1 Für den Teig die Milch erwärmen und die Butter darin schmelzen lassen. Das Mehl in eine Rührschüssel sieben und in die Mitte eine Vertiefung eindrücken. Die lauwarme Milch-Butter-Mischung hineingießen und die Hefe darin auflösen.

2 Zucker und Salz hinzugeben. Die Zutaten mit Handrührgerät mit Knethaken in etwa 5 Minuten zu einem glatten Teig verkneten. Den Teig zugedeckt an einem warmen Ort so lange gehen lassen, bis er sich sichtbar vergrößert hat.

3 Für die Füllung Emmentaler reiben. Feta-Käse, Brie und Schichtkäse im Mixer zerkleinern, Emmentaler und das Ei hinzugeben. Alles zu einer cremigen Masse verarbeiten und diese kalt stellen.

4 Den Hefeteig nochmals kurz kneten und zu einem Quadrat von 40 cm Kantenlänge ausrollen. Die Käsemasse darauf verteilen.

5 Die Ecken des Quadrates zur Mitte hin übereinander andrücken. Die Oberfläche mit Wasser bestreichen und mit den Sonnenblumenkernen bestreuen. Die Kerne etwas andrücken.

6 Das Teigquadrat auf ein mit Backpapier belegtes Backblech legen und in den Backofen schieben.

Ober-/Unterhitze:
etwa 180 °C (vorgeheizt)
Heißluft: etwa 160 °C
(nicht vorgeheizt)
Gas: Stufe 3–4 (nicht vorgeheizt)
Backzeit: 60 Min.

Beilage:
Gemischter Salat.

Basilikumkäse

8 Portionen
Zubereitungszeit: 30 Min.

Pro Portion:
E: 8 g, F: 28 g, Kh: 2 g,
kJ: 1249, kcal: 298

- 200 g Schafskäse
- 150 g weiche Butter
- 100 ml Schlagsahne
- 40 g geriebener Parmesan
- 1 Knoblauchzehe
- 2 Pck. (je 25 g) TK-Basilikum
- 25 g geröstete, gemahlene Pinienkerne
- einige Salatblätter, z. B. Lollo rosso
- 25 g geröstete Pinienkerne

1 Schafskäse zerbröseln, mit Butter und Sahne pürieren. Parmesan, abgezogenen und zerdrückten Knoblauch, Basilikum und gemahlene Pinienkerne unterrühren.

2 Die Masse in eine mit Frischhaltefolie ausgelegte runde Schüssel (oder mehrere kleine) geben, glatt streichen und 3–4 Stunden in den Kühlschrank stellen.

3 Den Basilikumkäse auf einen mit Salatblättern ausgelegten Teller stürzen und die Frischhaltefolie abziehen. Mit Pinienkernen bestreuen.

Frischkäse mit Zwiebeln

8 Portionen
Zubereitungszeit: 15 Min.

Pro Portion:
E: 6 g, F: 20 g, Kh: 2 g,
kJ: 915, kcal: 219

- 2 Pck. (je 200 g) Doppelrahm-Frischkäse
- 100 ml Schlagsahne
- frisch gemahlener Pfeffer
- 2 TL Chinagewürz
- 4 Frühlingszwiebeln

1 Frischkäse mit Sahne verrühren, mit Pfeffer und Chinagewürz gut abschmecken.

2 Frühlingszwiebeln putzen, waschen, halbieren und in feine Würfel oder Ringe schneiden. Frühlingszwiebeln (einige zum Garnieren zurückbehalten) unter die Käsecreme mischen.

3 Den Käse in eine Schale geben und die zurückbehaltenen Frühlingszwiebeln darauf streuen.

Paprika-Frischkäse

8 Portionen
Zubereitungszeit: 15 Min.

Pro Portion:
E: 6 g, F: 20 g, Kh: 3 g,
kJ: 915, kcal: 227

- 400 g Frischkäse
- 100 ml Schlagsahne
- 2 TL Paprikapulver edelsüß
- Salz, Pfeffer
- je 1 kleine rote, grüne und gelbe Paprikaschote

1 Frischkäse mit Sahne, Paprika, Salz und Pfeffer verrühren.

2 Paprika waschen, putzen, in sehr kleine Würfel schneiden, und unter den Käse heben.

Obatzter

Foto

Zubereitungszeit: 30 Min.

Pro Portion:
E: 9 g, F: 13 g, Kh: 1 g,
kJ: 687, kcal: 164

- 4 Camemberts (je 125 g)
- 50 g weiche Butter
- 2 Zwiebeln
- 1 EL ganzer Kümmel
- Salz
- frisch gemahlener Pfeffer
- Paprika edelsüß
- glatte Petersilie

1 Camemberts und Butter mit einer Gabel verkneten.

2 Zwiebeln abziehen, eine Zwiebel fein würfeln, die andere in dünne Ringe schneiden.

3 Zwiebelwürfel und Kümmel unter die Käsemasse kneten. Mit Salz, Pfeffer und Paprika abschmecken.

4 Die Zwiebelringe in Paprikapulver wenden. Obatzter mit Zwiebelringen und Petersilie garnieren.

Tipp:

Dazu passen Laugenbrezeln sehr gut. Größere Mengen sollten beim Bäcker vorbestellt werden. Für den Notfall kann auch noch ein Vorrat an tiefgekühlten Brezeln dasein, die schnell zubereitet sind.

Chimmi-Churi

Zubereitungszeit: 20 Min.,
ohne Durchziehzeit

Pro Portion:
E: 1 g, F: 42 g, Kh: 2 g,
kJ: 1680, kcal: 401

- 3 mittelgroße, rote Zwiebeln
- 6–7 Knoblauchzehen
- je 1 rote und grüne Paprikaschote
- 1 Bund Petersilie
- 2 TL Paprika rosenscharf
- 1 EL gerebelter Thymian
- 1 TL Zucker
- 2 TL Salz
- 1–2 TL Cayennepfeffer
- 1–2 TL frisch gemahlener, weißer Pfeffer
- 500 ml (½ l) Sonnenblumenöl

1 Zwiebeln und Knoblauch abziehen und in feine Würfel schneiden. Paprika halbieren, entstielen, entkernen, die weißen Scheidewände entfernen, Schoten waschen und ebenfalls in feine Würfel schneiden.

2 Petersilie abspülen, trockentupfen und fein hacken.

3 Zwiebeln, Knoblauch und Petersilie mit Paprika, Thymian, Zucker, Salz, Cayennepfeffer und Pfeffer mischen und mit Öl übergießen, bis die Masse vollständig mit Öl bedeckt ist. Das Chimmi-Churi etwa 24 Stunden durchziehen lassen.

Tipp:

Chimmi-Churi mit geröstetem Baguette servieren oder als Beilage zu gegrilltem Fleisch. Es ist 3–4 Wochen haltbar.

Gefüllte Tomaten, überbacken

Zubereitungszeit: 65 Min.

Pro Portion:
E: 13 g, F: 18 g, Kh: 9 g,
kJ: 1114, kcal: 266

- **12 mittelgroße Fleisch-tomaten (oder 24 mittel-große Tomaten)**
- **Salz**
- **frisch gemahlener Pfeffer**

Für die Käse-
Staudensellerie-Füllung:
- **200 g Berg- oder Blauschimmelkäse**
- **6 kleinere Stangen Staudensellerie**
- **etwas Currypulver**

Für die Thunfischfüllung:
- **2 Dosen Thunfisch (Abtropfgewicht je 150 g)**
- **200 g gekochter Reis (100 g Rohgewicht)**
- **4 mittelgroße, rote Zwiebeln**
- **2 Bund Schnittlauch**
- **3 EL Olivenöl**
- **100 g geraspelter Emmentaler**

1 Tomaten waschen, trockentupfen und quer halbieren. Die Tomaten aushöhlen und das Innere etwas zerkleinern. Die Tomaten innen mit Salz und Pfeffer bestreuen und in eine große, gefettete Auflaufform setzen.

2 Für die Käse-Staudensellerie-Füllung Käse fein würfeln und mit der Hälfte des Tomateninneren mischen.

3 Sellerie putzen, die harten Außenfäden abziehen, Sellerie waschen, in sehr feine Streifen schneiden und zum Käse geben.

4 Die Füllung mit Salz, Pfeffer und Curry abschmecken und in 12 Tomatenhälften bergartig einfüllen.

5 Für die Thunfischfüllung Thunfisch abtropfen lassen, mit Reis und dem restlichen Fruchtfleisch der Tomaten vermischen.

6 Zwiebeln abziehen, halbieren und in Streifen schneiden. Schnittlauch verlesen, abspülen, trockentupfen und in feine Röllchen schneiden.

7 Zwiebeln in Öl andünsten, mit den restlichen Zutaten vermischen. Mit Salz und Pfeffer abschmecken und bergartig in die Tomatenhälften füllen und mit Käse bestreuen. Die Form auf dem Rost in den Backofen schieben.

Ober-/Unterhitze:
etwa 180 °C (vorgeheizt)
Heißluft: etwa 160 °C (vorgeheizt)
Gas: Stufe 2–3 (vorgeheizt)
Backzeit: etwa 15 Min.

- **Tipp:**
Die Käse-Staudensellerie-Füllung kann noch mit etwas gekochtem Wildreis ergänzt werden. Zu der Thunfisch-füllung passt auch Mais oder Porree-streifen.

180 **Beilagen, Saucen & Dips**

Auberginenröllchen in Tomatensauce

36 Stück

Zubereitungszeit: 75 Min.

Pro Portion:
E: 22 g, F: 42 g, Kh: 9 g,
kJ: 2236, kcal: 534

- 4 große Auberginen (je etwa 300 g)
- Salz
- 6 Kugeln (je 125 g) Mozzarella
- 1 Topf Basilikum
- 36 dünne Scheiben Parmaschinken oder roher Schinken

Für die Tomatensauce:
- 2 Dosen (je 800 g) geschälte Tomaten
- 2 Dosen (je 400 g) stückige Pizzatomaten
- 250 g Kräuterbutter

1 Auberginen putzen, die Stängelansätze herausschneiden, Auberginen waschen und längs in 36 dünne Scheiben schneiden (wer eine Aufschnittmaschine hat, kann es damit sehr gut schneiden). Die Auberginenscheiben auf ein großes Holzbrett legen, mit Salz bestreuen und etwa 15 Minuten durchziehen lassen. Zwischendurch wenden und die andere Seite ebenfalls salzen.

2 Die Auberginenscheiben trockentupfen. Jede Mozzarellakugel in 6 Scheiben schneiden. Basilikum abspülen, trockentupfen und die Blättchen abzupfen. Jeweils eine Scheibe Schinken, Mozzarella und ein Basilikumblatt auf eine Auberginenscheibe legen, aufrollen und mit kleinen Holzspießen feststecken.

3 Für die Tomatensauce Tomaten mit dem Saft zum Kochen bringen, die Hälfte der Kräuterbutter hinzufügen. Die Sauce in eine große Auflaufform geben, die Auberginenröllchen hineinsetzen und die restliche Kräuterbutter in Flöckchen auf den Röllchen verteilen. Die Form auf dem Rost in den Backofen schieben.

Ober-/Unterhitze:
180–200 °C (vorgeheizt)
Heißluft: 160–180 °C (vorgeheizt)
Gas: etwa Stufe 3 (vorgeheizt)
Backzeit: etwa 20 Min.

- **Tipp:**
Noch würziger schmecken die Auberginenröllchen, wenn sie vor dem Füllen und Aufrollen in Olivenöl angebraten und mit Knoblauch gewürzt werden. Statt mit Mozzarella und Schinken die Röllchen nur mit Schafskäse füllen.

Beilagen, Saucen & Dips — RAFFINIER

Überbackene Broccolinudeln

Foto
Zubereitungszeit: 80 Min.

Pro Portion:
E: 19 g, F: 26 g, Kh: 27 g,
kJ: 1851, kcal: 442

- 400 g grüne Bandnudeln
- 1 EL Speiseöl
- 1½ kg Broccoli
- 750 ml (¾ l) heiße Gemüsebrühe
- 400 ml Schlagsahne
- 6 Eier (Größe M)
- 250 g geriebener, mittelalter Gouda
- Salz, Muskatnuss
- 100 g Pinienkerne

1 Bandnudeln in reichlich kochendes Salzwasser geben, Öl hinzufügen. Die Nudeln nach Packungsanleitung knapp bissfest garen. Dann die Nudeln kurz abschrecken und abtropfen lassen.

2 Broccoli putzen, waschen, in Röschen teilen und in kochender Gemüsebrühe etwa 15 Minuten garen. Broccoli dann auf ein Sieb geben, die Flüssigkeit dabei auffangen.

3 Broccoli mit den Nudeln mischen, in eine große Auflaufform oder Fettfangschale geben. Sahne, Eier und Gouda mit 250 ml (¼ l) Gemüseflüssigkeit verrühren. Mit Salz und Muskat würzen. Die Eiersahne über die Nudel-Broccoli-Masse gießen. Die Fettfangschale in den Backofen schieben (die Form auf dem Rost).

Ober-/Unterhitze:
etwa 180 °C (vorgeheizt)
Heißluft: etwa 160 °C
(nicht vorgeheizt)
Gas: Stufe 2–3 (nicht vorgeheizt)
Backzeit: etwa 35 Min.

4 Pinienkerne in einer Pfanne ohne Fett rösten. Die Pinienkerne über die überbackenen Broccolinudeln streuen.

Bohnen mit Tomaten

Zubereitungszeit: 55 Min.

Pro Portion:
E: 10 g, F: 11 g, Kh: 12 g,
kJ: 798, kcal: 190

- 1½ kg TK-Prinzessbohnen
- 1 Gemüsezwiebel
- 2 EL Olivenöl
- Bohnenkraut, Pfeffer
- 2 Dosen (je 800 g) geschälte Tomaten
- 2 Dosen (je 400 g) stückige Tomaten
- 4 EL Olivenöl
- 200 g Parmesan

1 Bohnen tiefgekühlt in kochendes Salzwasser geben, zum Kochen bringen und 6–8 Minuten kochen lassen. Die Bohnen abtropfen lassen, kurz in kaltes Wasser geben und wieder gut abtropfen lassen.

2 Zwiebel abziehen, halbieren, in Streifen schneiden und in Öl andünsten. Die Zwiebelstreifen in eine Fettfangschale geben. Die Bohnen darauf verteilen und mit Bohnenkraut und Pfeffer bestreuen.

3 Tomaten und Tomatenstücke zu den Bohnen geben, Olivenöl darauf verteilen und zugedeckt in den Backofen schieben.

Ober-/Unterhitze: etwa 180 °C
(vorgeheizt)
Heißluft: etwa 160 °C
(nicht vorgeheizt)
Gas: Stufe 2–3 (vorgeheizt)
Backzeit: etwa 35 Min.

4 Das Gemüse mit gehobeltem Parmesan bestreuen.

Spaghettinester in Sahnesauce

Zubereitungszeit: 65 Min.

Pro Portion:
E: 11 g, F: 19 g, Kh: 36 g,
kJ: 1569, kcal: 375

- **500 g Spaghettinester (Kochzeit: 3 Min.)**
- **6 mittelgroße Möhren**
- **3 Stangen Porree (Lauch)**
- **500 ml (½ l) Schlagsahne**
- **500 ml (½ l) Gemüsebrühe**
- **Salz, Pfeffer**
- **Paprika edelsüß**
- **200 g geriebener, mittelalter Gouda**
- **40 g geriebener Parmesan**
- **2 EL Schnittlauchröllchen**

1 Spaghettinester ungekocht in eine gefettete Fettfangschale oder in eine große Auflaufform legen.

2 Möhren putzen, schälen, waschen und in sehr feine Streifen schneiden. Porree putzen, halbieren, waschen und ebenfalls in feine Streifen schneiden. Das Gemüse in die Nudelnester geben, den Rest darum verteilen.

3 Sahne und Brühe verrühren, mit Salz, Pfeffer und Paprika kräftig würzen und über die Nudelnester gießen. Die Nester mit Käse bestreuen und in die Fettfangschale in den Backofen schieben.

Ober-/Unterhitze:
180–200 °C (vorgeheizt)
Heißluft: 160–180 °C (vorgeheizt)
Gas: etwa Stufe 3 (vorgeheizt)
Backzeit: 25–30 Min.

4 Die Spaghettinester mit Schnittlauch bestreut servieren.

Grüne Nudeln in Tomatensauce

Zubereitungszeit: 55 Min.

Pro Portion:
E: 11 g, F: 6 g, Kh: 32 g,
kJ: 988, kcal: 236

- **375 g grüne Bandnudeln mit Spinat (Kochzeit: 6 Min.)**
- **2 Pck. (je 500 g) passierte Tomaten**
- **1 l Gemüsebrühe**
- **5 abgezogene, zerdrückte Knoblauchzehen**
- **Salz, Pfeffer**
- **gerebelter Majoran**
- **Paprikapulver edelsüß**
- **4 Fleischtomaten**
- **2 rote Peperoni**
- **2 mittelgroße Zucchini**
- **40 g geriebener Parmesan**
- **150 g geriebener Pizzakäse**
- **4 EL Basilikumstreifen**

1 Nudeln ungekocht in eine große Auflaufform geben. Passierte Tomaten, Brühe, Knoblauch, Salz, Pfeffer, Majoran und Paprika verrühren und über die Nudeln geben.

2 Tomaten enthäuten, Stängelansätze entfernen und die Tomaten würfeln. Peperoni waschen, halbieren und fein würfeln. Zucchini putzen, waschen und in kleine Würfel schneiden.

3 Das Gemüse über den Nudeln verteilen, mit beiden Käsesorten bestreuen.

Ober-/Unterhitze:
etwa 180 °C (vorgeheizt)
Heißluft: etwa 160 °C (vorgeheizt)
Gas: Stufe 2–3 (vorgeheizt)
Backzeit: etwa 20 Min.

4 Die Nudeln mit Basilikum bestreut servieren.

Kartoffel-Quark-Taler

Foto
Zubereitungszeit: 95 Min.

Pro Portion:
E: 19 g, F: 10 g, Kh: 43 g,
kJ: 1515, kcal: 361

- 1½ kg mehlig kochende Kartoffeln
- 1 kg Magerquark
- 3 Eier (Größe L)
- Salz, geriebene Muskatnuss
- gerebelter Majoran
- 350 g Weizenmehl
- abgezogene, gehackte und gehobelte Mandeln
- Sesamsamen
- Sonnenblumenkerne
- 150 g Butterschmalz

1 Kartoffeln gründlich abspülen, in etwa 25 Minuten gar kochen lassen, abgießen, mit kaltem Wasser übergießen, heiß pellen, durch die Kartoffelpresse geben und abkühlen lassen.

2 Quark mit Eiern verrühren, mit Salz, Muskat und Majoran würzen und in die Kartoffelmasse geben und verrühren. Mehl unterkneten, aus dem Teig mit bemehlten Händen Bällchen formen und diese in Mandeln, Sesam und Sonnenblumenkernen wenden. Die Bällchen leicht flach drücken, so dass Taler entstehen.

3 Butterschmalz erhitzen, die Taler darin von allen Seiten bei mittlerer Hitze in etwa 8 Minuten goldbraun braten lassen.

- **Tipp:**

Die Kartoffel-Quark-Taler einige Tage vorher zubereiten und abgekühlt einfrieren. Vor dem Aufbacken die Taler etwa 30 Minuten antauen lassen und im Backofen bei etwa 180 °C (Heißluft: etwa 160 °C, Gas: Stufe 3–4) etwa 12 Minuten aufbacken.

Kartoffeln im Speckmantel

Zubereitungszeit: 75 Min.

Pro Portion:
E: 5 g, F: 14 g, Kh: 21 g,
kJ: 984, kcal: 235

- 1½ kg neue, kleine Kartoffeln
- 250 g Frühstücksspeck (Bacon, in Scheiben)
- 3 TL gemahlener Kümmel
- frisch gemahlener Pfeffer
- 800 g kleine Tomaten

1 Kartoffeln waschen, in Salzwasser zum Kochen bringen, in etwa 20 Minuten gar kochen lassen, abgießen, kalt abschrecken und pellen.

2 Speck nach Belieben längs halbieren, mit Kümmel und Pfeffer bestreuen, etwa die Hälfte der Kartoffeln mit den Speckscheiben umwickeln, abwechselnd bewickelte und unbewickelte Kartoffeln nebeneinander auf ein gefettetes Backblech oder in eine große Auflaufform legen.

3 Tomaten waschen, abtrocknen, über Kreuz einschneiden, gleichmäßig zwischen die Kartoffeln setzen, das Backblech in den Backofen schieben (die Form auf dem Rost).

Ober-/Unterhitze:
200–220 °C (vorgeheizt)
Heißluft: 180–200 °C (vorgeheizt)
Gas: etwa Stufe 4 (vorgeheizt)
Backzeit: etwa 25 Min.

188 Beilagen, Saucen & Dips

RAFFINIERT

Gratinierte Gemüsekartoffeln

Foto
Zubereitungszeit: 60 Min.

Pro Portion:
E: 8 g, F: 11 g, Kh: 43 g,
kJ: 1284, kcal: 306

- **12 große Kartoffeln (je 200 g)**
- **500 g Kartoffeln**
- **6 Möhren**
- **500 g Knollensellerie**
- **250 ml (¼ l) heiße Milch**
- **100 g Butter**
- **Salz**
- **frisch gemahlener Pfeffer**
- **geriebene Muskatnuss**
- **2 Eier (Größe M)**
- **4 EL Schlagsahne**

1 Große Kartoffeln gut waschen und bürsten, längs halbieren und in Salzwasser etwa 20 Minuten kochen, abgießen und etwas abkühlen lassen. Die Kartoffeln aushöhlen, so dass ein Rand von ½ cm stehen bleibt.

2 Die anderen Kartoffeln (500 g) schälen, waschen und in Würfel schneiden. Möhren und Sellerie putzen, schälen, waschen und in feine Würfel schneiden. Die Gemüse- und Kartoffelwürfel etwa 15 Minuten in Salzwasser (oder Gemüsebrühe) garen.

3 Das Gemüse auf einem Sieb abtropfen lassen und mit der ausgehöhlten Kartoffelmasse durch die Kartoffelpresse geben. Milch und Butter in das Kartoffel-Gemüse-Püree geben und mit Salz, Pfeffer und Muskat abschmecken.

4 Das Püree in einen Spritzbeutel mit großer, gezackter Tülle füllen. Die Kartoffelhälften auf ein gefettetes Backblech legen und das Püree in die Kartoffelhälften spritzen. Eier mit Sahne verquirlen, über das Püree träufeln und im Backofengrill etwa 4 Minuten gratinieren.

- **Tipp:**
Die Kartoffeln können auch vorbereitet werden, so dass sie dann kurz vor dem Servieren nur noch gratiniert werden müssen.

Kartoffelgratin

Zubereitungszeit: 80 Min.

Pro Portion:
E: 20 g, F: 58 g, Kh: 35 g,
kJ: 3221, kcal: 769

- **2½ kg Pellkartoffeln**
- **Salz, Pfeffer**
- **geriebene Muskatnuss**
- **500 g durchwachsener Speck**
- **4 Becher (je 200 g) Schmand**
- **200 ml Schlagsahne**
- **etwa 500 g geriebener Gouda**

1 Kartoffeln pellen, in Scheiben schneiden und in eine gefettete Fettfangschale geben. Mit Salz, Pfeffer und Muskat bestreuen.

2 Speck in Würfel schneiden und auslassen. Die ausgelassenen Speckwürfel mit den Kartoffeln vermischen.

3 Schmand mit Sahne verrühren und über den Kartoffeln verteilen. Käse darüber streuen. Die Fettfangschale in den Backofen schieben.

Ober-/Unterhitze:
180–200 °C (vorgeheizt)
Heißluft: 160–180 °C (nicht vorgeheizt)
Gas: etwa Stufe 3 (nicht vorgeheizt)
Backzeit: etwa 40 Min.

Tomaten-Pfeffer-Sauce

Foto
Zubereitungszeit: 25 Min.

Pro Portion:
E: 1 g, F: 5 g, Kh: 6 g,
kJ: 328, kcal: 78

- ■ 6 Tomaten
- ■ 200 ml Tomatenketchup
- ■ 1 Dose (400 g) stückige Tomaten
- ■ 2 TL grüne Pfefferkörner
- ■ 5 EL Olivenöl
- ■ 1–2 TL geriebener Meerrettich
- ■ Salz
- ■ 2 TL Kerbelblättchen

1 Tomaten kurze Zeit in kochendes Wasser legen (nicht kochen lassen), mit kaltem Wasser abschrecken, enthäuten, Stängelansätze entfernen und die Tomaten in Würfel schneiden.

2 Die Tomatenwürfel mit Ketchup, Tomatenstücken mit Saft und Pfefferkörnern mischen. Öl unterrühren. Die Sauce mit Meerrettich und Salz würzen und Kerbelblättchen unterrühren.

Salsa verde

Zubereitungszeit: 30 Min.

Pro Portion:
E: 1 g, F: 13 g, Kh: 1 g,
kJ: 544, kcal: 130

- ■ 3 kleine Zwiebeln
- ■ 3 Knoblauchzehen
- ■ Salz
- ■ 6 Sardellen- oder Anchovisfilets (aus der Dose)
- ■ 3 EL abgetropfte Kapern
- ■ 6 Bund Petersilie
- ■ 12 EL Olivenöl
- ■ Saft von 1½ Zitronen
- ■ frisch gemahlener Pfeffer

1 Zwiebeln und Knoblauch abziehen. Zwiebel fein hacken, Knoblauch mit Salz zerdrücken. Sardellenfilets unter fließendem kalten Wasser abspülen, trockentupfen und in sehr feine Würfel schneiden. Kapern hacken. Petersilie verlesen, abspülen, trockentupfen und hacken.

2 Alle Zutaten in eine Schüssel geben. Öl und Zitronensaft hinzugießen und gut verrühren. Die Salsa verde mit Salz und Pfeffer abschmecken. Im Kühlschrank zugedeckt etwa 30 Minuten durchziehen lassen.

Knoblauch-Dip

Zubereitungszeit: 25 Min.

Pro Portion:
E: 4 g, F: 11 g, Kh: 3 g,
kJ: 569, kcal: 136

- ■ 8 Knoblauchzehen
- ■ Salz
- ■ frisch gemahlener Pfeffer
- ■ 250 g Magerquark
- ■ 450–500 g Crème fraîche
- ■ 3 abgezogene, in Würfel geschnittene Fleischtomaten
- ■ 3–4 EL Schnittlauchröllchen

1 Knoblauch abziehen, mit Salz bestreuen und mit einem flachen Messer zerdrücken.

2 Das Knoblauchmus mit den übrigen Zutaten zu einem Dip verrühren.

Stilton-Dip

Foto
Zubereitungszeit: 35 Min.

Pro Portion:
E: 6 g, F: 21 g, Kh: 3 g,
kJ: 1033, kcal: 247

- 5 Frühlingszwiebeln
- 3 Stangen Staudensellerie
- 125 ml (1/8 l) Portwein
- 250 g Crème fraîche
- 250 ml (1/4 l) Schlagsahne
- 250 g Stilton-Käse oder anderer Blauschimmelkäse
- Salz
- frisch gemahlener, weißer Pfeffer

1 Frühlingszwiebeln putzen und waschen. Staudensellerie putzen, harte Außenfäden abziehen, Sellerie waschen.

2 Beide Zutaten grob zerkleinern, mit Portwein, Crème fraîche und Sahne pürieren. Käse gut zerdrücken, evtl. pürieren und unterrühren. Dip mit Salz und Pfeffer abschmecken.

- **Tipp:**
Zu Blattsalaten und rohem Gemüse reichen.

Avocado-Quark-Dip

Zubereitungszeit: 40 Min.

Pro Portion:
E: 15 g, F: 18 g, Kh: 13 g,
kJ: 1226, kcal: 293

- 6 EL Zitronensaft
- Meersalz
- frisch gemahlener Pfeffer
- Cayennepfeffer
- 2 EL Honig
- 4 reife Avocados
- 5 enthäutete Fleischtomaten
- 5 Zwiebeln
- 4 kleine, rote Paprikaschoten
- 1 kg Magerquark
- Paprika edelsüß
- 4–5 EL gehackte Petersilie
- 6 EL geschälte Sonnenblumenkerne

1 Zitronensaft mit Salz, Pfeffer, Cayennepfeffer und Honig verrühren.

2 Avocados längs halbieren, entsteinen, schälen. Fleischtomaten halbieren, die Stängelansätze herausschneiden, Tomaten entkernen. Beide Zutaten in kleine Würfel schneiden.

3 Zwiebeln abziehen und fein reiben. Paprikaschoten halbieren, entkernen, die weißen Scheidewände entfernen, waschen, fein würfeln.

4 Alle Zutaten unter den Quark rühren, mit Paprika und Petersilie abschmecken. Sonnenblumenkerne in einer Pfanne ohne Fett goldgelb rösten und über den Dip streuen.

Tipp:
Der Avocado-Quark-Dip schmeckt gut zu gebratenen Lammkoteletts oder zu Filets.

194 Beilagen, Saucen & Dips

RAFFINIER

Der süsse Abschluss

Ob heiß aus dem Backofen oder eisgekühlt aus dem Gefrierschrank: Der süße Abschluss bildet noch einmal einen kulinarischen Höhepunkt eines jeden Essens, egal zu welcher Jahreszeit.

Erdbeer-Tiramisu

Zubereitungszeit: 40 Min.

Pro Portion:
E: 6 g, F: 26 g, Kh: 47 g,
kJ: 2056, kcal: 490

- **500 g Cantuccini (italienisches Mandelgebäck)**
- **150 ml frisch gepresster Orangensaft**
- **150 ml Orangenlikör**
- **500 g Erdbeeren**
- **50 g gesiebter Puderzucker**
- **3–4 Becher (je 250 ml) Schlagsahne**
- **450 g Naturjoghurt**
- **2 Becher (je 125 g) Crème double**

1 Cantuccini in eine große Auflaufform legen. Orangensaft und -likör mischen und die Cantuccini damit beträufeln.

2 Erdbeeren waschen, putzen und gut trockentupfen. Die Erdbeeren halbieren und mit der Schnittfläche nach unten auf die Cantuccini legen. Mit Puderzucker oder Zucker bestreuen.

3 Sahne steif schlagen, Joghurt und Crème double unterrühren, die Masse auf die Erdbeeren streichen und etwa 3 Stunden kühl stellen.

■ Tipp:

Nach Belieben das Tiramisu vor dem Servieren mit Kakao bestäuben. Statt Orangenlikör kann auch Orangensaft genommen werden. Wer die Tiramisu am Vortag schon zubereiten möchte, sollte 4 Blatt weiße Gelatine (nach Packungsanleitung verarbeitet) unter die Joghurtmasse geben.

Orangen-Herrencreme

15 Portionen

Zubereitungszeit: 40 Min., ohne Abkühlzeit

Pro Portion:
E: 7 g, F: 27 g, Kh: 54 g,
kJ: 2074 , kcal: 495

- 8 Blatt weiße Gelatine
- 1½ l Milch
- 4 Pck. Pudding-Pulver mit Vanille-Geschmack
- 160 g Zucker
- 500 ml (½ l) frisch ausgepresster Orangensaft
- 1–2 Pck. geriebene Orangenfrucht mit Rohrzucker (von Dr. Oetker)
- 300 g Zartbitter-Schokolade
- 750 ml (¾ l) Schlagsahne
- 50 g Zartbitter-Schokoladenraspel zum Bestreuen
- einige filetierte Orangenscheiben oder -viertel zum Garnieren

1 Gelatine nach Packungsanleitung einweichen. 1 Liter Milch zum Kochen bringen, mit der restlichen Milch Pudding-Pulver und Zucker anrühren, in die kochende Milch rühren und unter Rühren aufkochen lassen. Orangensaft hinzufügen und unter Rühren nochmals aufkochen lassen.

2 Die eingeweichte Gelatine ausdrücken und mit der Orangenfrucht unter den heißen Pudding rühren. Den Pudding in eine Schüssel umfüllen und sofort mit Frischhaltefolie zudecken, damit sich keine Haut auf dem Pudding bildet.

3 Schokolade in kleine Stücke hacken. Sahne steif schlagen. Den erkalteten Pudding mit Handrührgerät mit Rührbesen aufschlagen, evtl. durch ein Sieb streichen (falls sich Klümpchen gebildet haben sollten). Die Schokostückchen und die Sahne unterheben.

4 Den Pudding in eine Servierschüssel füllen, mit Schokoladenraspeln und Orangenscheiben oder -viertel garnieren.

■ **Tipp:**
Statt der Päckchen Orangenfrucht kann auch die Schale von 2 unbehandelten Orangen genommen werden. Schokoladenraspel können fertig gekauft, aber auch sehr gut selbst gemacht werden: Dazu mit einem Sparschäler an einer gut gekühlten Schokolade entlangschaben.

Schwarzwälder Kirschcreme

Foto
Zubereitungszeit: 90 Min.

Pro Portion:
E: 5 g, F: 10 g, Kh: 33 g,
kJ: 1072, kcal: 256

- 2 schwach geh. TL ge-mahlene Gelatine, weiß
- 4 EL kaltes Wasser
- 1 l Milch
- 2 Pck. Pudding-Pulver Vanille-Geschmack
- 150 g (6 gut geh. EL) Zucker
- 10 EL kalte Milch
- etwa 3 EL Kirschwasser
- 250 ml (¹/₄ l) Schlagsahne
- 1 Pck. Vanillin-Zucker

- 375 g entsteinte Sauer-kirschen (aus dem Glas)
- geraspelte Schokolade

1 Gelatine mit Wasser in einem kleinen Topf anrühren, 10 Minuten zum Quellen stehen lassen.

2 Milch zum Kochen bringen. Pudding-Pulver und Zucker mischen, mit der kalten Milch anrühren, unter Rühren in die von der Kochstelle genommene Milch geben, kurz aufkochen lassen.

3 Die gequollene Gelatine hinzufügen, so lange rühren, bis sie aufgelöst ist. Den Pudding kalt stellen und ab und zu durchrühren.

4 Das Kirschwasser unter den erkalteten, aber noch nicht fest gewordenen Pudding rühren. Sahne mit Vanillin-Zucker verrühren, steif schlagen, unter den Pudding heben (etwas zum Verzieren zurücklassen).

5 Die Sauerkirschen gut abtropfen lassen (einige zum Garnieren zurücklassen), mit der Sahnecreme abwechselnd in Dessertschalen schichten. Die oberste Schicht muss aus Sahnecreme bestehen.

6 Die Schwarzwälder Kirschcreme mit der zurückgelassenen Sahne verzieren, mit den restlichen Kirschen und der Schokolade garnieren.

Rumcreme

10–12 Portionen
Zubereitungszeit: 60 Min.

Pro Portion:
E: 18 g, F: 39 g, Kh: 19 g,
kJ: 2243, kcal: 536

- 8 Eier (Größe M)
- 8 EL kochend heißes Wasser
- 8 EL Zucker
- 10 Blatt weiße Gelatine
- 8 EL Rum
- 1 l Schlagsahne
- 100 g Zartbitterschokolade

- 8 EL Schlagsahne

1 Eier trennen. Eigelb mit dem Wasser schaumig rühren, bis eine cremige Masse entsteht. Nach und nach den Zucker unterrühren.

2 Gelatine nach Packungsaufschrift etwa 10 Minuten in kaltem Wasser quellen lassen. Dann die Gelatine abtropfen lassen, in dem Rum bei schwacher Hitze auflösen, etwas abkühlen lassen und dann unter die Eiermasse rühren.

3 Eiweiß steif schlagen und unter die Eigelb-Rum-Masse heben. Nach einigen Minuten die Creme noch ein paar Mal umrühren, damit sie sich nicht absetzt. Steif geschlagene Sahne unterheben.

4 Schokolade in Stücke brechen und in der Sahne unter Rühren erwärmen, bis eine dickliche Masse entstanden ist. Diese dann auf die Rumcreme streichen.

Erdbeer-Grütze mit Vanillesahne

Zubereitungszeit: 70 Min., ohne Erkalten

Pro Portion:
E: 4 g, F: 20 g, Kh: 55 g, kJ: 1825, kcal: 437

Für die Grütze:
- **3 kg Erdbeeren**
- **2 l Wasser**
- **Zitronenschale von 2 Zitronen (unbehandelt)**
- **250 g Zucker**
- **250 g Perl-Sago**
- **Zucker**

Für die Vanillesahne:
- **750 ml (³/₄ l) Schlagsahne**
- **Vanillin-Zucker oder 1 Vanillestange**
- **Zucker**

1 Für die Grütze Erdbeeren vorsichtig waschen, gut abtropfen lassen, entstielen, ¹/₄ der Früchte beiseite stellen. Die übrigen Früchte mit Wasser in einen Kochtopf geben, zum Kochen bringen, auf ein gespanntes Tuch geben, damit der Saft ablaufen kann.

2 Den Fruchtbrei nach dem Erkalten kräftig auspressen, den Saft mit Wasser auf 3 l Flüssigkeit auffüllen, mit Zitronenschale und Zucker zum Kochen bringen.

3 Sago unter Rühren einstreuen, zum Kochen bringen, in etwa 20 Minuten ausquellen lassen. Die Zitronenschale entfernen, die zurückgelassenen Erdbeeren hinzufügen.

4 Die Grütze zum Kochen bringen, 1–2 Minuten kochen lassen, eventuell mit Zucker abschmecken, in eine Schüssel oder Portionsschälchen füllen, erkalten lassen.

5 Für die Vanillesahne Sahne mit Vanillin-Zucker abschmecken oder die Sahne mit dem ausgekratzten Mark von der Vanillestange verrühren, mit Zucker abschmecken, getrennt zu der Grütze reichen.

■ Abwandlung:

Grüne Grütze

Grütze aus 1 kg gedünsteten Stachelbeeren, 500 g Kiwistückchen, 500 g grünen, halbierten Weintrauben, 1 l Saft (Stachelbeersaft mit Traubensaft), 300 g Zucker und 40 g Speisestärke zubereiten.

■ Tipp:

125–250 g verlesene Himbeeren unter die fertige Grütze rühren. Statt Vanillesahne eine Vanillesauce z der Grütze reichen.

Obstsalat

Foto
Zubereitungszeit: 70 Min.

Pro Portion:
E: 3 g, F: 5 g, Kh: 26 g,
kJ: 740, kcal: 177

- 4 mittelgroße Äpfel
- 2 kleine Mangos
- 4 Nektarinen
- 3 mittelgroße Orangen
- 4 Kiwis
- 400 g Erdbeeren
- 5 EL Zitronensaft
- 5 EL Orangensaft
  oder Orangenlikör
- 80 g Zucker
- 100 g abgezogene,
  gehobelte Mandeln

1 Äpfel schälen, vierteln und entkernen. Mangos schälen, halbieren und das Fruchtfleisch vom Stein lösen. Nektarinen waschen, abtrocknen, halbieren und entsteinen.

2 Orange schälen und in Spalten teilen. Kiwis schälen. Das vorbereitete Obst in kleine Stücke oder Spalten schneiden. Erdbeeren waschen, gut abtropfen lassen, entstielen und in Stücke schneiden.

3 Das Obst mit Zitronensaft, Orangensaft oder Orangenlikör und Zucker vermengen und in eine Glasschale füllen.

4 Mandeln in einer Pfanne ohne Fett rösten und den Obstsalat damit bestreuen.

Tipp:
Dazu schmeckt Schlagsahne (nach Belieben mit Eierlikör abgeschmeckt) oder Vanillesauce. Die Zutaten für den Obstsalat können natürlich variieren und sollten der Saison angepasst sein.

Beereneis

Zubereitungszeit: 30 Min.,
ohne Gefrierzeit

Pro Portion:
E: 3 g, F: 18 g, Kh: 37 g,
kJ: 1358, kcal: 324

- 300 g Zucker
- gut 200 ml Milch
- 3 Becher (je 125 g)
  Crème double
- 450 g Waldfrucht-
  Sahnejoghurt
- 500 g gemischtes Beeren-
  obst, z. B. Johannisbeeren,
  Brombeeren, Himbeeren

1 Zucker mit Milch unter Rühren in einem Topf kurz aufkochen. Die Milch etwas abkühlen lassen, dann Crème double und Sahnejoghurt unterrühren.

2 Beeren verlesen, evtl. waschen, putzen und pürieren. Das Beerenpüree durch ein feines Sieb streichen und vorsichtig unter die Crememasse rühren. Die Masse in eine flache, mit Frischhaltefolie ausgelegte Form füllen und für etwa 4 Stunden in das Gefrierfach stellen.

3 Das Beereneis aus der Form stürzen, die Folie abziehen und das Eis in Scheiben schneiden.

Beigabe:
Leicht angeschlagene Schlagsahne und einige Beerenfrüchte.

Tipp:
Statt Crème double 400 ml angeschlagene Schlagsahne verwenden.

204 Der süße Abschluss

Herrencreme

Foto
Zubereitungszeit: 90 Min.

Pro Portion:
E: 7 g, F: 29 g, Kh: 41 g,
kJ: 2033, kcal: 485

- 3 Pck. Puddingpulver Sahne-Geschmack
- 6 schwach geh. EL Zucker
- 1½ l kalte Milch
- 125 ml (⅛ l) Rum
- 200 g klein geschnittene Schokolade (etwas zum Garnieren zurücklassen)
- 750 ml (¾ l) Schlagsahne
- 3 Pck. Sahnesteif
- 3 Pck. Vanillin-Zucker
- Cocktailkirschen

1 Puddingpulver mit Zucker und 125 ml von der Milch anrühren, die übrige Milch zum Kochen bringen, von der Kochstelle nehmen, das angerührte Puddingpulver unterrühren, kurz aufkochen lassen.

2 Pudding kalt stellen, ab und zu umrühren. Unter den erkalteten, aber noch nicht fest gewordenen Pudding Rum und Schokolade rühren.

3 Sahne ½ Minute schlagen. Sahnesteif mit Vanillin-Zucker mischen, einstreuen, die Sahne steif schlagen.

4 Etwa ⅔ davon unter den Pudding heben, die restliche Schlagsahne in einen Spritzbeutel füllen.

5 Die Herrencreme mit der zurückgelassenen Schokolade garnieren, mit der restlichen Schlagsahne aus dem Spritzbeutel verzieren, mit Cocktailkirschen garnieren.

Zitronencreme

Zubereitungszeit: 50 Min.,
ohne Abkühlzeit

Pro Portion:
E: 5 g, F: 12 g, Kh: 22 g,
kJ: 960, kcal: 229

- 3 schwach geh. TL gemahlene Gelatine, weiß
- 6 EL kaltes Wasser
- 6 Eigelb (Größe M)
- 6 EL heißes Wasser
- 225 g Zucker
- abgeriebene Schale von 1 Zitrone (unbehandelt)
- 150 ml Zitronensaft
- 6 Eiweiß (Größe M)
- 375 ml (⅜ l) Schlagsahne
- 12 halbierte Maraschino-kirschen

1 Gelatine mit etwas Wasser in einem Topf anrühren, 10 Minuten zum Quellen stehen lassen.

2 Eigelb mit heißem Wasser schaumig schlagen, nach und nach Zucker unterschlagen, so lange schlagen, bis eine cremeartige Masse entstanden ist.

3 Zitronenschale mit Zitronensaft unterrühren. Die gequollene Gelatine unter Rühren erwärmen, bis sie gelöst ist, zunächst 3 Esslöffel der Eigelbmasse hinzufügen, verrühren, die Gelatinemasse unter die übrige Eigelbmasse schlagen, eventuell kalt stellen.

4 Eiweiß steif schlagen. Sahne steif schlagen. Wenn die Masse anfängt dicklich zu werden, beide Zutaten (etwas Schlagsahne zum Verzieren zurücklassen) unterheben.

5 Creme in eine Schale oder in Dessertgläser füllen, kalt stellen damit sie fest wird, mit der zurückgelassenen Schlagsahne verzieren, mit Maraschinokirschen garnieren.

Tiramisu

Foto
Zubereitungszeit: 40 Min.

Pro Portion:
E: 6 g, F: 21 g, Kh: 17 g,
kJ: 1252, kcal: 299

- **200 g Löffelbiskuits**
- **300 ml Espresso (stark gekocht)**
- **2 EL Orangenlikör**
- **6 Eigelb (Größe M)**
- **60 g Zucker**
- **2 Pck. Vanillin-Zucker**
- **500 g Mascarpone**
- **6 Eiweiß (Größe M)**
- **10 g Kakaopulver**

1 Die Hälfte von den Löffelbiskuits in eine große flache, rechteckige Auflaufform legen. Espresso mit Orangenlikör mischen, die Löffelbiskuits mit der Hälfte der Flüssigkeit tränken.

2 Eigelb mit Zucker, Vanillin-Zucker mit Handrührgerät mit Rührbesen schaumig rühren, nach und nach esslöffelweise Mascarpone unterrühren.

3 Eiweiß steif schlagen, unter die Mascarponemasse heben.

4 Die Hälfte der Creme auf die Löffelbiskuits in der Form geben, die andere Hälfte der Löffelbiskuits darauf schichten, mit der restlichen Espresso-Likör-Mischung tränken, die restliche Creme darüber geben. Die Speise mit Kakaopulver bestäuben, vor dem Servieren kalt stellen.

- **Tipp:**

Tiramisu am besten am Vortag zubereiten und über Nacht kalt stellen. Statt Orangenlikör Amaretto (Mandellikör) nehmen.

Welfenspeise

Zubereitungszeit: 50 Min., ohne Abkühlzeit

Pro Portion:
E: 8 g, F: 8 g, Kh: 48 g,
kJ: 1463, kcal: 349

Für die Creme:
- **6 Eiweiß (Größe M)**
- **100 g Speisestärke**
- **120 g Zucker**
- **3 Pck. Vanillin-Zucker**
- **1½ l kalte Milch**

Für den Weinschaum:
- **9 Eigelb (Größe M)**
- **220 g Zucker**
- **30 g Speisestärke**
- **750 ml (¾ l) Weißwein**

1 Für die Creme Eiweiß steif schlagen. Speisestärke, Zucker, Vanillin-Zucker mit 10 Esslöffeln von der Milch anrühren.

2 Die übrige Milch zum Kochen bringen, von der Kochstelle nehmen, die angerührte Speisestärke unter Rühren hineingeben, kurz aufkochen lassen.

3 Eischnee unter die kochend heiße Speise rühren, kurz aufkochen lassen, die Speise in eine Glasschale füllen (nur zur Hälfte füllen!), kalt stellen.

4 Für den Weinschaum Eigelb mit Zucker, Stärke, Wein in einen Topf geben, mit Handrührgerät mit Rührbesen auf niedrigster Stufe im Wasserbad durchschlagen, bis die Masse durch und durch schaumig ist (sie muss sich etwa verdoppeln – nicht kochen lassen), den Weinschaum erkalten lassen, vorsichtig auf die weiße Creme füllen.

Drei-Schichten-Pudding

Zubereitungszeit: 60 Min.

Pro Portion:
E: 24 g, F: 87 g, Kh: 35 g,
kJ: 4704, kcal: 1125

Für die Schokoladencreme:
- ■ **5 Blatt weiße Gelatine**
- ■ **300 g Blockschokolade**
- ■ **250 ml (¼ l) Milch**
- ■ **1 l Schlagsahne**
- ■ **etwas Zucker oder Puderzucker**

Für die Eierlikörcreme:
- ■ **6 Blatt weiße Gelatine**
- ■ **1 l Schlagsahne**
- ■ **2 Pck. Vanillin-Zucker**
- ■ **250 ml (¼ l) Eierlikör**

Für die Kirschlikörcreme:
- ■ **5–6 Blatt rote Gelatine**
- ■ **1 l Schlagsahne**
- ■ **250 ml (¼ l) Kirschlikör**

Zum Bestreuen:
- ■ **Raspelschokolade**

1 Für die Schokoladencreme Gelatine etwa 10 Minuten in kaltem Wasser einweichen.

2 Die Schokolade in heißer Milch unter Rühren auflösen. Die Gelatine nach Packungsaufschrift auflösen und unterrühren. Die Speise kalt stellen.

3 Sobald die Speise dicklich wird, Sahne steif schlagen und unterheben. Evtl. mit Zucker oder Puderzucker nachsüßen.

4 Die Masse in eine große Glasschale oder 2 mittelgroße Glasschalen füllen und kalt stellen.

5 Für die Eierlikörcreme die Gelatine etwa 10 Minuten in kaltem Wasser einweichen. Die Sahne steif schlagen und Vanillin-Zucker und Eierlikör unterrühren.

6 Die Gelatine nach Packungsaufschrift auflösen und vorsichtig unter die Eierlikörsahne heben. Die Masse vorsichtig auf die Schokoladencreme streichen und kalt stellen.

7 Für die Kirschlikörcreme Gelatine in kaltem Wasser einweichen. Die Sahne steif schlagen, mit Kirschlikör verrühren, evtl. süßen.

8 Die Gelatine nach Packungsaufschrift auflösen und vorsichtig unter die Kirschlikörsahne heben. Die Creme auf die Eierlikörsahne streichen und wieder kalt stellen. Vor dem Servieren mit Raspelschokolade bestreuen.

Himbeer-Baiser-Speise

Foto
Zubereitungszeit: 40 Min.

Pro Portion:
E: 3 g, F: 21 g, Kh: 19 g,
kJ: 1305, kcal: 312

- 1 kg Himbeeren
- 100 ml Himbeergeist
- 200 g Baiser
- 800 ml Schlagsahne
- 3 Pck. Vanillin-Zucker

1 Himbeeren verlesen, mit Himbeergeist beträufeln und etwas durchziehen lassen. Baiser grob zerbröckeln. Sahne mit Vanillin-Zucker steif schlagen.

2 Die Zutaten in eine Glasschüssel schichten, die letzte Schicht sollte aus Himbeeren bestehen. Die Speise sofort servieren.

■ Tipp:
Die geschichtete Speise sollte höchstens 20 Minuten stehen; der Arbeitsschritt 1 kann aber schon vorbereitet werden. Erst kurz vor dem Servieren den 2. Arbeitsschritt vollziehen. Wer auf Alkohol verzichten möchte, kann statt Himbeergeist die gleiche Menge Himbeersirup verwenden.

Mascarpone-Amaretti-Dessert

Zubereitungszeit: 40 Min.

Pro Portion:
E: 6 g, F: 40 g, Kh: 47 g,
kJ: 2518, kcal: 601

- 1 kg grüne, kernlose Weintrauben
- 250 g Amaretti
- gut 250 ml (¼ l) Weißwein
- 500 g Mascarpone
- 300 g Naturjoghurt
- 125 g Zucker
- abgeriebene Schale und Saft von 1 Zitrone (unbehandelt)
- 750 ml (¾ l) Schlagsahne
- etwas Kakaopulver

1 Weintrauben waschen, trockentupfen und halbieren. Ein Viertel der Weintrauben in eine große oder 12 kleine Schalen oder Gläser verteilen, ebenso ein Viertel der Amaretti darüber schichten und mit etwas Weißwein beträufeln.

2 Mascarpone mit Joghurt, Zucker, Zitronenschale und -saft verrühren. Sahne steif schlagen und unterheben.

3 Einen Teil der Mascarponecreme über die Weintrauben und Amaretti geben, abwechselnd die restlichen Zutaten (einige Amaretti zum Garnieren zurückbehalten) weiter so einschichten, bis sie aufgebraucht sind, mit Mascarponecreme abschließen. Vor dem Servieren mit Kakao bestäuben.

■ Tipp:
Wenn der Nachtisch auch für Kinder gedacht ist, einfach den Weißwein weglassen und etwas Apfelsaft nehmen.

Quarkschichtspeise

Foto
**Zubereitungszeit: 60 Min.,
ohne Kühlzeit**

Pro Portion:
**E: 14 g, F: 17 g, Kh: 36 g,
kJ: 1535, kcal: 367**

- 1 kg Magerquark
- 250 g Crème double
- 150 g Zucker
- 100 ml Zitronensaft
- 100 ml Blutorangensaft (frisch gepresst oder fertig gekauft)
- 300 g Löffelbiskuit
- 200 ml Maracujasaft
- 250 ml (¼ l) Schlagsahne
- 2 TL Zucker
- 2 Orangen (unbehandelt)

1 Quark und Crème double mit Zucker verrühren und in zwei Portionen teilen. Eine Hälfte mit Zitronensaft vermischen, die andere mit Blutorangensaft verrühren. Nach Geschmack noch etwas Zucker hinzufügen.

2 Zwei hohe Glasschüsseln (je etwa 1 l Inhalt) mit je einem Viertel der Löffelbiskuits auslegen und mit je 2 Esslöffeln Maracujasaft beträufeln.

3 Die Hälfte der Blutorangencreme auf die Löffelbiskuits streichen, wieder mit einem Viertel Biskuit belegen, mit Saft beträufeln und die Zitronencreme darauf verteilen. Wieder Biskuit, Orangencreme, Biskuit und schließlich Zitronencreme einschichten. Dabei die Biskuits mit je 2 Esslöffeln Saft beträufeln. Speise mit Frischhaltefolie zudecken und mindestens 3 Stunden gut kühlen.

4 Zur Dekoration Sahne mit Zucker steif schlagen und in großen Tupfern rundherum auf die Creme setzen. Mit einem Zestenreißer oder einem scharfen Messer von der Orange die Schale in dünnen Fäden reißen/schneiden und auf die Tuffs streuen.

■ Tipp:
Statt der Schale kandierte Orangenscheiben vierteln und auf die Tuffs setzen. Wenn der Blutorangensaft nicht genügend färbt, die Creme mit Rote-Bete-Saft oder Erdbeersirup färben.

Quark-Vanille-Creme

Zubereitungszeit: 25 Min.

Pro Portion:
**E: 15 g, F: 11 g, Kh: 19 g,
kJ: 1039, kcal: 248**

- 1 kg Magerquark
- 60 g Zucker
- 4 Becher (je 250 g) Sahne-Vanille-Sauce
- evtl. bis zu 250 ml (¼ l) Milch
- 250 ml (¼ l) Schlagsahne
- Schokoraspel

1 Quark mit Zucker verrühren, Sahne-Vanille-Sauce unterrühren. Evtl., falls der Quark zu fest ist, Milch (Milchmenge je nach Konsistenz des Quarks) hinzufügen. Den Quark in eine Schüssel geben.

2 Sahne steif schlagen und in einen Spritzbeutel geben. Die Creme mit der Sahne verzieren. Mit Schokoraspeln bestreuen.

■ Tipp:
Dazu Obstsalat oder Früchte der Saison reichen.

Vanillebirnen mit Brombeersauce

*Zubereitungszeit: 70 Min.,
ohne Abkühlzeit*

Pro Portion:
*E: 2 g, F: 0,5 g, Kh: 69 g,
kJ: 1319, kcal: 315*

- **12 feste Birnen**
- **2 Vanilleschoten**
- **2 Zitronen (unbehandelt)**
- **150 g Zucker**
- **1 l Wasser**

Für die Brombeersauce:
- **1 kg TK-Brombeeren**
- **150 g gesiebter Puderzucker**
- **250 ml (¼ l) Rotwein**
- **2 Orangen (unbehandelt)**
- **4 EL Kirschwasser**

- **1 l Vanilleeis**

1 Birnen schälen, halbieren und entkernen. Vanilleschoten längs aufschneiden. Zitronen in Scheiben schneiden. Birnen, Vanillestangen und Zitronenscheiben mit Zucker und Wasser zum Kochen bringen. Birnen 8–10 Minuten darin dünsten und in der Flüssigkeit abkühlen lassen.

2 Für die Brombeersauce Brombeeren bei Zimmertemperatur auftauen lassen.

■ Abwandlung:

Vanilleeis kann auch selbst zubereitet werden: 8 Eigelb (Größe M) mit 6 Esslöffeln Schlagsahne (von 1 l Schlagsahne abgenommen), 200 g Zucker, 2 Esslöffeln Zitronensaft und 2 Packungen Bourbon-Vanillezucker in einer Metallschüssel im heißen Wasserbad mit einem Schneebesen zu einer dicklichen Masse aufschlagen. Die Schüssel aus dem Wasserbad nehmen und die Masse kalt schlagen. Die restliche Sahne steif schlagen und unter die Masse heben. 1–2 flache Formen mit etwas Speiseöl einstreichen, die Masse hineinfüllen und mit Frischhaltefolie zugedeckt mindestens 8 Stunden gefrieren lassen (am besten schon 1–2 Tage vorher vorbereiten).

3 Puderzucker in einer Pfanne hellbraun karamellisieren lassen. Wein hinzugeben und so lange kochen lassen, bis der Karamell gelöst ist. Die Hälfte der Brombeeren dazugeben und 2 Minuten darin ziehen lassen.

4 Brombeeren mit der Karamellsauce durch ein Sieb streichen. Die restlichen Brombeeren in die Sauce geben und zum Kochen bringen.

5 Orangen gründlich waschen, dünn (ohne die weiße Haut) schälen, die Schale in feine Streifen schneiden, mit kochendem Wasser übergießen und abtropfen lassen. 2 Teelöffel der Schale und Kirschwasser unter die Sauce rühren und die Sauce kalt stellen.

6 Eis auf 12 Dessertteller verteilen, je 2 Birnenhälften mit etwas Brombeersauce darauf geben und mit der restlichen Orangenschale garnieren.

■ Tipp:

Die Birnen und die Brombeersauce können bereits am Vortag vorbereitet werden.

Ratgeber

Die Rezepte sind, soweit nicht anders vermerkt, für **12 Portionen** berechnet. Dabei ist es so gedacht, dass es zu einem Hauptgericht auch noch eine Beilage gibt oder die Suppe nur ein Bestandteil des Essens ist. Wollen Sie nur Suppe anbieten, reicht es nicht unbedingt für 12 Portionen. Die Party-Gulaschsuppe ist zwar schon mehr ein Hauptgericht, aber nach einer Zwiebelsuppe hätten Ihre Gäste bestimmt noch Hunger. Um die Mengen allgemein kalkulieren zu können, ist die nebenstehende Tabelle als Hilfe gedacht.

Ein **Termin- und Arbeitsplan** kann die Arbeit erleichtern. Je aufwendiger die Einladung und je größer der Rahmen ist, desto genauer sollten Sie planen – allein schon, um selbst einen kühlen Kopf bewahren zu können. Stellen Sie einen Zeitplan auf und tragen Sie alles, was an Vorbereitungen nötig ist, in Ihren Zeitplan ein. Zum Beispiel: Einladung, Hilfe beim Vorbereiten, Lebensmittel- und Getränkeeinkauf, Geschirr, Tischdekorationen, Blumen, Kochvorbereitungen usw.

Sobald die Anzahl der Gäste feststeht, sollten Sie die **Auswahl der Rezepte** vornehmen. Dann können Sie nämlich auch in Ihrem Arbeitsplan konkret festhalten, welche Speisen schon 1–2 Tage vorher zubereitet werden können und welcher Arbeitsaufwand noch für den Tag der Party bleibt. Je größer die Runde ist, desto mehr sollten Sie schon im Vorfeld vorbereiten, meist fällt am Tag der Party noch genug Arbeit an. Außerdem wollen Sie ja auch Spaß an Ihrer Party haben und nicht erschöpft auf ein baldiges Ende der Feier hoffen!

Viele der Rezepte lassen sich schon sehr weit vorbereiten und müssen dann kurz vor dem Verzehr nur noch erwärmt werden oder können im Backofen bei 50–70 °C warm gehalten werden. Bei den Rezepten ist oft vermerkt, bis zu welchem Arbeitsschritt vorgearbeitet werden kann. Die vorbereiteten Speisen müssen unbedingt zugedeckt und gut gekühlt aufbewahrt werden, damit es, besonders im Sommer, keine bösen Überraschungen gibt.

Bei der Auswahl der Rezepte sollten Sie auch überschlagen, ob Sie ausreichend Backbleche oder Auflaufformen zur Verfügung haben. Gegebenenfalls welche ausleihen oder auf eine andere Rezeptauswahl ausweichen.

Wichtig: Wenn mehrere, kleinere Auflaufformen verwendet werden, verkürzt sich auch die Garzeit.

Bei der Auswahl des Desserts sollte auch überlegt werden, wieviel Arbeit für die Speisen vorher anfällt. Wenn für das Hauptgericht beispielsweise noch viel zu tun ist, sollte eher ein Dessert gewählt werden, das am Vortag fertig zubereitet werden kann.

Beilagen wie beispielsweise die überbackenen Broccolinudeln oder die Spaghettinester können nicht allzu lange vorher zubereitet werden, da die Nudeln nachgaren und zu weich werden. Besser ist es, zwei Auflaufformen zu nehmen und diese nacheinander in den Backofen zu schieben. So haben Sie immer frisch zubereitete Beilagen.

Zwei Auflaufformen können im Heißluftherd auf zwei Rosten gleichzeitig gegart werden. Wer keinen Heißluftherd hat, kann die Aufläufe nacheinander schon zur Hälfte der **Garzeit** vorgaren (außer bei Nudelgerichten), sodass sich die Garzeit bei der Feier um die Hälfte verkürzt. In sehr vielen Rezepten wird statt Auflaufformen eine Fettfangschale verwendet. Sie ist tiefer als ein Backblech und ist deshalb für große Mengen sehr praktisch. Wer keine Fettfangschale haben sollte, muss sich dann mit mehreren Auflaufformen behelfen. Auf jeden Fall darf die Fettfangschale nicht durch ein Backblech ersetzt werden, da sonst die Masse überlaufen könnte. Wer einen quadratischen Backrahmen hat, kann diesen aber auch um den inneren Backblechrand stellen und somit größere Mengen auf dem Backblech zubereiten.

Falls Ihnen **Reste** bleiben sollten und Sie am nächsten Tag nicht schon wieder Appetit auf die Speisen haben sollten, können Sie die meisten Gerichte einfrieren (je nach Menge vielleicht auch portionsweise). Bleibt z. B. etwas von der Spaghetti- oder Hackfleischpizza übrig, diese abgekühlt in eine Auflaufform geben und zugedeckt einfrieren. Vor dem nächsten Verzehr etwas antauen lassen, dann auf den Rost in den kalten Backofen schieben und bei mittlerer Hitze aufbacken.

Saucen, wie die Tomaten-Pfeffer-Sauce oder der Knoblauch-Dip können schon einige Tage vorher zubereitet und in Schraubgläsern aufbewahrt werden. Allerdings sollten frische Zwiebeln besser erst kurz vor dem Servieren hinzugefügt werden, da sie sonst oxidieren. Knoblauch dagegen konserviert.

Die **Getränkewahl** richtet sich nach den ausgewählten Speisen und natürlich dem Geschmack Ihrer Gäste: S

Ratgeber

eten sich für italienische Gerichte auch italienischer
eiß- und/oder Rotwein oder Prosecco an. Dabei ist – bis
f Rotwein – zu bedenken, dass die Getränke gut gekühlt
erden müssen. Eine Hilfe können in Supermärkten
hältliche Kühlmanschetten sein, die im Gefrierschrank
fbewahrt werden und in 5–10 Minuten eine 0,75 l Sekt-
sche auf Trinktemperatur bringen und bereits gekühlte

Getränke lange Zeit kühl halten. Aber auch Biertrinker
sollten zu ihrem Recht kommen und natürlich müssen
auch antialkoholische Getränke genügend vorhanden sein.
Getränkemärkte vergeben Getränke übrigens auch in
Kommission. So können Sie auf jeden Fall genug Getränke im Haus haben und es bleiben Ihnen keine großen
Reste.

Mengenangaben

Durchschnittliche Mengen für 1 Portion

Suppe
als Vorspeise	150–200 ml
als Hauptgericht	500 ml

Blattsalat (Einkaufsgewicht)
als Vorspeise oder Beilage	40–50 g

Fisch
ganze Fische	300 g
Filets	150–200 g

Fleisch und Geflügel
mit Knochen	250 g
ohne Knochen	150–200 g
Hackfleisch	125 g

Gemüse (Einkaufsgewicht)
als Beilage	250 g
als Hauptgericht	400 g

Nudeln und Reis
(roh gewogen)
als Beilage	50–75 g
als Hauptgericht	100–125 g

Kartoffeln (Einkaufsgewicht)
als Beilage	200 g
als Hauptgericht	350–400 g

Dessert — 150 g

Brot als Beilage — 100–150 g

Durchschnittliche Mengen für 20 Portionen (Buffet)

Kleine Häppchen	100 Stück
Suppe	4 l
Salat aus Nudeln, Reis, Kartoffeln	2 kg
Fleisch, Geflügel, Fisch	3 kg
Brot	$3^{1}/_{2}$ kg
Käse	$2^{1}/_{2}$ kg
Dessert (Obstsalat oder Creme)	4 kg

Kapitelregister

Häppchen & Snacks

Tortilla vom Blech 8
Herrentorte, pikant 10
Apfelspalten mit Dips 12
Goudaröllchen auf Brottalern 14
Käse-Biskuit-Schnitten 14
Mariniertes Kräuterfleisch 16
Gemüse-Mett-Brötchen 18
Bruschetta 20
Eier, garniert 20
Gefüllte Fleischbällchen 22
Gefüllte Tomaten 22
Party-Baguette 24
Gemüse-Crostini 26
Krosse Käsestangen 26
Antipasti-Platte 28
Tortilla-Chips mit Avocado-Dip 30
Fleischbällchen vom Blech 30
Gefüllte Pitabrote 32
Gefüllter Sesamring 34
Thunfisch-Sandwich 34
Bunte Kaasspießchen mit fruchtigen Dips 36
Edelpilzkäseschnitten 36

Alles aus einem Topf

Ofensuppe 38
Pfundstopf 40
Käse-Porree-Suppe 42
Party-Gulaschsuppe 42
Mitternachtssuppe 44
Präsidentensuppe 46
Paprikacremesuppe 46
Tomatensuppe mit Käsetoasts 48
Italienischer Eintopf 50
Gorgonzolasuppe 50
Gyrossuppe 52
Lumpensuppe 54
Blitzgulasch 54
Feuerbohnentopf 56
Zwiebelsuppe mit Käse 56
Pizza-Suppe 58
Kartoffel-Porree-Suppe 58
Feuertopf, scharf-süß 60

Aus dem Ofen, auf den Tisch

Bunter Tortelliniauflauf 6
Hackfleisch-Pizza 6
Landfrauen-Auflauf mit Frühlingsquark 6
Lasagne mit Basilikum 6
Käse-Kartoffel-Pfanne 7
Grünkohlauflauf 7
Kartoffelauflauf mit Bacon 7
Bohnenpakete mit Käse 7
Auflauf von Ravioli 7
Käse-Schinken-Rollen in Tomatensauce 7
Kartoffel-Tomaten-Pizza 7
Überbackene Lachsfilets 7
Vegetarische Moussaka 8
Tacoauflauf 8
Pilzlasagne 8
Spaghetti-Pizza 8
Berliner Bulettenauflauf 8
Krustenfisch 9
Lachs in Dillsahnesauce 9
Gemüsepizza 9
Auflauf Hawaii 9
Glasierte Putenflügel 9
Mexikanische Schnitzelpfanne 9
Kartoffel-Matjes-Auflauf 9
Winzerroulade 9
Quiche Lorraine vom Blech 10
Paella 10

Fleischspezialitäten

Filettopf 10
Pfifferlingsschnitzel 10
Schweinefilet in Sojasauce 10
Lammkeule mit Minzsauce 11
Putenbraten mit Aprikosensauce 11
Hähnchenbrustfilets in Zwiebel-Sahne-Sauce . . 11
Putenbrust in Currysauce 11
Schlemmertopf 11
Bunte Spaghetti-Pfanne 11
Putengeschnetzeltes mit Kräuterfrischkäse 11
Hähnchengeschnetzeltes Stroganoff 11
Räuberhackbraten 12
Schnitzelpfanne 12

Kapitelregister

Schnitzel im Backofen 124
Römische Lammpfanne 124
Filet mit Obst 126
Bunte Fleischpfanne 126
Hawaii-Schnitzel 128
Hähnchenfilet Tomato al gusto 128
Gyrospfanne mit Knoblauch-Dill-Quark 130
Leberkäserouladen auf Sauerkraut 132
Burgunderbraten 134
Krustenschinkenbraten 136
Schnitzeltopf, mit Käse 136
Trapper Zwiebelsteakpfanne 138

Aus der Salatschüssel

Caprisalat 140
Bohnensalat, bunt 142
Teufelssalat 142
Waldorfsalat 144
Porreesalat 144
Carmensalat 146
Sauerkraut-Salat 146
Schichtsalat 148
Brotsalat "Italienisch" 150
Brotsalat "Toskana" 150
Bunter Nudelsalat 152
Matjessalat 152
Tortellini-Salat 154
Mozzarella-Nudel-Salat 156
Salattorte 158
Heringssalat 160
Warmer Auberginensalat 160
Kartoffelsalat mit Käse 162
Süß-saure Soleier 162
Feldsalat mit Käse und Speck 164
Reis-Gemüse-Salat 166
Bunter Gemüsesalat 166
Hirtensalat 168

Beilagen, Saucen und Dips

Brotmotive 170
Gefüllte Baguettes 172
Forellen-Frischkäse-Klößchen 172

Partybrot mit 4-Käse-Füllung 174
Basilikumkäse 176
Frischkäse mit Zwiebeln 176
Paprika-Frischkäse 176
Obatzter 178
Chimmi-Churi 178
Gefüllte Tomaten, überbacken 180
Auberginenröllchen in Tomatensauce 182
Überbackene Broccolinudeln 184
Bohnen mit Tomaten 184
Spaghettinester in Sahnesauce 186
Grüne Nudeln in Tomatensauce 186
Kartoffel-Quark-Taler 188
Kartoffeln im Speckmantel 188
Gratinierte Gemüsekartoffeln 190
Kartoffelgratin 190
Tomaten-Pfeffer-Sauce 192
Salsa verde 192
Knoblauch-Dip 192
Stilton-Dip 194
Avocado-Quark-Dip 194

Der süße Abschluss

Erdbeer-Tiramisu 196
Orangen-Herrencreme 198
Schwarzwälder Kirschcreme 200
Rumcreme 200
Erdbeer-Grütze mit Vanillesahne 202
Obstsalat 204
Beereneis 204
Herrencreme 206
Zitronencreme 206
Tiramisu 208
Welfenspeise 208
Drei-Schichten-Pudding 210
Himbeer-Baiser-Speise 212
Mascarpone-Amaretti-Dessert 212
Quarkschichtspeise 214
Quark-Vanille-Creme 214
Vanillebirnen mit Brombeersauce 216

Ratgeber 218

Alphabetisches Register

A/B

Antipasti-Platte	28
Apfelspalten mit Dips	12
Auberginenröllchen in Tomatensauce	182
Auflauf Hawaii	94
Auflauf von Ravioli	74
Avocado-Quark-Dip	194
Basilikumkäse	176
Beereneis	204
Berliner Bulettenauflauf	88
Blitzgulasch	54
Bohnen mit Tomaten	184
Bohnenpakete mit Käse	72
Bohnensalat, bunt	142
Brotmotive	170
Brotsalat "Italienisch"	150
Brotsalat "Toskana"	150
Bruschetta	20
Bunte Fleischpfanne	126
Bunte Kaasspiesschen mit fruchtigen Dips	36
Bunte Spaghetti-Pfanne	116
Bunter Gemüsesalat	166
Bunter Nudelsalat	152
Bunter Tortelliniauflauf	62
Burgunderbraten	134

C/D/E

Caprisalat	140
Carmensalat	146
Chimmi-Churi	178
Drei-Schichten-Pudding	210
Edelpilzkäseschnitten	36
Eier, garniert	20
Erdbeer-Grütze mit Vanillesahne	202
Erdbeer-Tiramisu	196

F/G

Feldsalat mit Käse und Speck	164
Feuerbohnentopf	56
Feuertopf, scharf-süss	60
Filet mit Obst	126
Filettopf	104
Fleischbällchen vom Blech	30
Forellen-Frischkäse-Klösschen	172

Frischkäse mit Zwiebeln	176
Gefüllte Baguettes	172
Gefüllte Fleischbällchen	22
Gefüllte Pitabrote	32
Gefüllte Tomaten	22
Gefüllte Tomaten, überbacken	180
Gefüllter Sesamring	34
Gemüse-Crostini	20
Gemüse-Mett-Brötchen	18
Gemüsepizza	92
Glasierte Putenflügel	94
Gorgonzolasuppe	50
Goudaröllchen auf Brottalern	14
Gratinierte Gemüsekartoffeln	190
Grüne Nudeln in Tomatensauce	186
Grünkohlauflauf	70
Gyrospfanne mit Knoblauch-Dill-Quark	130
Gyrossuppe	52

H/I/K

Hackfleisch-Pizza	6
Hähnchenbrustfilets in Zwiebel-Sahne-Sauce	114
Hähnchenfilet Tomato al gusto	122
Hähnchengeschnetzeltes Stroganoff	118
Hawaii-Schnitzel	12
Heringssalat	16
Herrencreme	20
Herrentorte, pikant	1
Himbeer-Baiser-Speise	21
Hirtensalat	16
Italienischer Eintopf	5
Kartoffelauflauf mit Bacon	7
Kartoffelgratin	19
Kartoffel-Matjes-Auflauf	9
Kartoffeln im Speckmantel	18
Kartoffel-Porree-Suppe	5
Kartoffel-Quark-Taler	18
Kartoffelsalat mit Käse	16
Kartoffel-Tomaten-Pizza	7
Käse-Biskuit-Schnitten	1
Käse-Kartoffel-Pfanne	7
Käse-Porree-Suppe	4
Käse-Schinken-Rollen in Tomatensauce	7
Knoblauch-Dip	19

Alphabetisches Register

Krosse Käsestangen 26
Krustenfisch 90
Krustenschinkenbraten 136

L/M

Lachs in Dillsahnesauce 90
Lammkeule mit Minzsauce 110
Landfrauen-Auflauf mit Frühlingsquark 66
Lasagne mit Basilikum 68
Leberkäserouladen auf Sauerkraut 132
Lumpensuppe 54
Mariniertes Kräuterfleisch 16
Mascarpone-Amaretti-Dessert 212
Matjessalat 152
Mexikanische Schnitzelpfanne 96
Mitternachtssuppe 44
Mozzarella-Nudel-Salat 156

O/P

Obatzter 178
Obstsalat 204
Ofensuppe 38
Orangen-Herrencreme 198
Paella 102
Paprikacremesuppe 46
Paprika-Frischkäse 176
Party-Baguette 24
Partybrot mit 4-Käse-Füllung 174
Party-Gulaschsuppe 42
Pfifferlingsschnitzel 106
Pfundstopf 40
Pilzlasagne 84
Pizza-Suppe 58
Porreesalat 144
Präsidentensuppe 46
Putenbraten mit Aprikosensauce 112
Putenbrust in Currysauce 114
Putengeschnetzeltes mit Kräuterfrischkäse 118

Q/R/S

Quarkschichtspeise 214
Quark-Vanille-Creme 214
Quiche Lorraine vom Blech 100
Ratgeber 218

Räuberhackbraten 120
Reis-Gemüse-Salat 166
Römische Lammpfanne 124
Rumcreme 200
Salattorte 158
Salsa verde 192
Sauerkraut-Salat 146
Schichtsalat 148
Schlemmertopf 116
Schnitzel im Backofen 124
Schnitzelpfanne 122
Schnitzeltopf, mit Käse 136
Schwarzwälder Kirschcreme 200
Schweinefilet in Sojasauce 108
Spaghettinester in Sahnesauce 186
Spaghetti-Pizza 86
Stilton-Dip 194
Süß-saure Soleier 162

T/Ü/V

Tacoauflauf 82
Teufelssalat 142
Thunfisch-Sandwich 34
Tiramisu 208
Tomaten-Pfeffer-Sauce 192
Tomatensuppe mit Käsetoasts 48
Tortellini-Salat 154
Tortilla vom Blech 8
Tortilla-Chips mit Avocado-Dip 30
Trapper Zwiebelsteakpfanne 138
Überbackene Broccolinudeln 184
Überbackene Lachsfilets 78
Vanillebirnen mit Brombeersauce 216
Vegetarische Moussaka 80

W/Z

Waldorfsalat 144
Warmer Auberginensalat 160
Welfenspeise 208
Winzerroulade 98
Zitronencreme 206
Zwiebelsuppe mit Käse 56

Umwelthinweis	Dieses Buch wurde auf chlorfrei gebleichtem Papier gedruckt. Die Einschrumpffolie – zum Schutz vor Verschmutzung – ist aus umweltfreundlicher und recyclingfähiger PE-Folie.
	Bitte beachten Sie bei Gasherden die Gebrauchsanweisung des Herstellers.
	Wenn Sie Anregungen, Vorschläge oder Fragen zu unseren Büchern haben, rufen Sie uns an (0521) 52 06 58 oder schreiben Sie uns: Dr. Oetker Verlag KG, Am Bach 11, 33602 Bielefeld
	Die Rezepte sind – wenn nicht anders angegeben – für 12 Personen berechnet.
Wir danken für die freundliche Unterstützung	Heinrich Bauer Verlag, Hamburg Ketchum Public Relations, München Niederländisches Büro für Milcherzeugnisse, Rijswijk The food professionals, Sprockhövel Miele Versuchsküche, Gütersloh Wirths PR, Fischau
Copyright	© 2001 by Dr. Oetker Verlag KG
Redaktion	Jasmin Gromzik, Miriam Krampitz
Titelfoto	Ulli Hartmann, Bielefeld
Innenfotos	Brigitte Wegner, Bielefeld Thomas Diercks, Hamburg Ulli Hartmann, Bielefeld Ulrich Kopp, Füssen Kramp & Gölling, Hamburg Hans-Joachim Schmidt, Hamburg Norbert Toelle, Bielefeld Bernd Wohlgemuth, Hamburg
Grafisches Konzept Gestaltung und Satz Einbandgestaltung	Björn Carstensen, Hamburg MDH Haselhorst, Bielefeld Kontur Design GmbH, Bielefeld
Reproduktionen	Mohn Media, Gütersloh
Druck	Mohn Media, Gütersloh
	Nachdruck, auch auszugsweise, nur mit unserer ausdrücklichen Genehmigung und mit Quellenangabe gestattet.
	ISBN 3–7670–0555–7